ねずさんの世界に誇る覚醒と繁栄を解く日本書紀

小名木善行

徳間書店

はじめに

『日本書紀《にほんしょき》』は、2020年には完成からちょうど1300年を迎《むか》えた我が国最古の勅撰《ちょくせん》の史書です。同時代に編纂《へんさん》された『古事記《こじき》』と並んで「記紀」と称《しょう》されてもいます。編纂のきっかけとなったのは、680年の天武天皇《てんむてんのう》の詔《みことのり》です。それまでの日本は全国の豪族たちのゆるやかな集合体だったのですが、中国に唐という強大な軍事大国が出現したことで、自立自存のために国家を統一する必要に迫られ、その一連の様々な施策《しさく》の一環《いっかん》として編纂が開始されました。古事記や万葉集と同じく、全文漢字で書かれているのが特徴です。ただ完成までにまる40年の歳月がかかったことでも明らかなように、使われている漢字の一文字一文字にものすごくこだわりを持って書かれています。ですからこれを簡単に「ひらがな」にしてしまうと、大切な意味が失われてしまうことがあり、本書では、できるだけその点、もともとの原文にある漢字の意味を正確に読み解きながら、日本書紀を解説するようにしています。

日本書紀は、国家事業として編纂されたものだから、政治的であって史書とはいえないという人もいます。しかし政治とは「どのような国を築こうとするのか」を具体的に実行するためのものです。したがって、古代の人たちが、どのような国家を築こうとしたのかを日本書紀を通じて学ぶことには、大きな意義があるといえると思います。

また、歴史とは「過去にあったバラバラの事実の切片《せっぺん》を、再現可能なように、ひとつのストーリーにまとめあげて書いたもの」のことを言います。その意味においても日本書紀は、まさに古代における我が国の正史《せいし》そのものです。そして歴史は人々のアイデンティティを構築する基礎となるものです。日本書紀は、千年以上にわたって我が国の正《せい》史《し》として、我が国の国柄や我が国国民のアイデンティティの基礎を担《にな》ってきた書です。いまを生きる私たちは、私たち自身がいかに生きるかだけでなく、未来を生きる子や孫や、その後も続く命《いのち》のためにより良い未来を築いていく責任があります。その未来は、いきなり降って湧《わ》くものではなく、常に、過去と現在の延長線上にあるのです。より良く現在を生き、より良い未来を築くために、私たちの祖先が、どのような国家を目指してきたのかを日本書紀を通して学ぶことは、大きな意義があるものと思います。

古事記を学んだから、日本書紀まで学ぶことはないと思われる方もおいでになるかもしれません。それはとてももったいないことです。ひとことでまとめるならば、古事記は「天皇の統治とはいかにあるべきものなのか」をまとめた書です。日本書紀は、「民衆が豊かに安全に安心して暮らせる国を築くには何が必要なのか」をまとめた書です。その意味では、より私たちの生活や未来に直結した書はむしろ日本書紀であるといえるかもしれません。

日本書紀は、全三十巻もあります。一巻と二巻が神代《かみよ》、三巻から三十巻までが歴代天皇記です。とにかく量が多い。よくわかる日本書紀として、その内容を口語訳して一冊にまとめた本は、すでに何冊も出版されていますが、日本書紀もまた漢字の一文字ごとにこだわりをもって書かれた書です。しかも古代と現代とでは言葉の用いられ方が違ってしまっているもの、昔は常識語《じょうしきご》だったものが、いまでは死語になってしまっているもの、当時といまとの文化環境の違いなどがあり、ただ総花的《そうばなてき》に現代語訳しただけでは、実は日本書紀の凄《すご》みはわかりません。そこで本書では、特にこれだけは知っておきたいという箇所《かしょ》に内容を絞《しぼ》り、これを掘り下げることで、日本書紀の理解を深めることができるように工夫しました。日本書紀をコンパクトに一冊にまとめながら、同時に内容を深く掘り下げた本は、他にあまり例がないものと思います。その意味で本書はきっとみなさまのお役にたてる本になっていると思います。

本書をお読みになると、おそらく我が国の古代の人たちが、たいへんに思索に富んでいたことにあらためて驚きを持たれることと思います。それもそのはずです。我が国は、三～四万年という途方もない歳月をこの日本列島という災害《さいがい》の多い国土の中で、一度も外国によって滅ぼされたり文化を失ったりすることなく歴史を積《つ》み上げてきた国だからです。そしてその記録こそ日本書紀の内容です。内容が濃《こ》くてあたりまえです。人と同じです。人はゼロから赤ちゃんとして生まれますが、すべての人が経験値ゼロからスタートして、自分の経験の範囲内でしか思索をすることができないなら、毎度、同じ過《あやま》ちが繰り返されることになります。だから教育で過去の先人たちが築いた様々なものを学びます。そしてそれがその国の文化性を築きます。日本書紀はまさにそのための教科書として書かれ、720年の完成の翌年から、すぐに御皇族《ごこうぞく》や貴族たちの教育に用いられてきました。そこに様々な学びと知恵があるからです。

それではさっそく、ご一緒に日本書紀の扉《とびら》を開いてみましょう。扉の先には、私たちの先達《せんだつ》が築いた人生の、そして国家の知恵という宝物庫があります。

陽光うららかな日

小名木善行

目次

第二章
稲作と産業育成、そして自立自存〜葦原中国の時代

第三章 民衆こそが国の宝～日本建国の時代

第四章
危機をチャンスに!～日本形成の時代

装丁　三瓶可南子
校正　株式会社鷗来堂
組版　株式会社キャップス

日本書紀の各巻の構成と、本書の構成

【日本書紀】		【本書】	
巻一	天地創生から八岐大蛇	第一章	神々の時代
巻二	葦原中国の平定から神武天皇誕生	第二章	葦原中国《あしはらのなかつくに》の時代
巻三	神武天皇	第三章	神武天皇
巻四	綏靖天皇から開化天皇		
巻五	崇神天皇		崇神天皇
巻六	垂仁天皇		
巻七	景行天皇から成務天皇		
巻八	仲哀天皇		
巻九	神功皇后		神功皇后
巻十	応神天皇		
巻十一	仁徳天皇		仁徳天皇
巻十二	履中天皇から反正天皇		
巻十三	允恭天皇		

第一章

よろこびあふれる楽しい国を目指して〜神々の時代

◇◇◇◇◇◇◇◇

日本書紀の巻一は天地創生から八岐大蛇《やまたのをろち》までの神代《かみのよ》の物語が書かれています。神話は歴史ではないという人がいますが、その歴史をどのように記述していくのかの基礎になるのが神話です。土台がなければ建物が建たないのと同じ道理です。

神代七代《かみのよななよ》の意味するものとは

日本書紀巻一・一

古事記における創生の神々は十七柱ですが、日本書紀では七柱です。古事記では最初の神様が天之御中主神《あめのみなかのぬしのかみ》ですが、日本書紀では創造神として次の三柱《神様は柱《はしら》と数えます》の神様が登場します。

国常立尊《くにのとこたちのみこと》
国狭槌尊《くにのさつちのみこと》
豊斟渟尊《とよくむぬのみこと》

続いて男女ペアの四組の神様が登場します。右の三柱の神様と、次の四組の神様を合わせて、神代七代《かみのよななよ》と呼びます。

【あらすじ】

太古の昔、まだ天地が別れていず、陰陽《めを》も分《わ》かれていなくて混沌としていて、まるで生卵《なまたまご》をかきまぜたような様子の中に、ほのかな牙《きざし》がありました。そのなかの清陽《すみあきらか》なものが薄く広がって天《あめ》となり、重たくて濁《にご》ったものが地《つち》になりました。天となるものは広がりやすく、地となるものは凝《こ》り固まりにくかったために、先に天が成《な》り、後に地が定まりました。この後《のち》に神聖《かみ》が天地《あめつち》の中に生《な》られました。それは葦牙《あしかび》のようにみるみるうちに大きく成長して、国常立尊《くにのとこたちのみこと》と号《もう》しました。至って貴《たっと》いことを尊《みこと》と言い、それ以外は命と書いて「みこと」と言います。以下これに同じです。次《つぎ》に国狭槌尊《くにのさつちのみこと》、次に豊《とよ》斟渟尊《くむぬのみこと》が生《な》られました。この三神は、乾道《あめのみち》に独り化《な》られた神様で、ゆえに純男《をとこのかぎり》を成《な》します。

次に埿土煑尊《うひぢにのみこと》、沙土煑尊《すひぢにのみこと》、次に大戸之道尊《おほとのぢのみこと》、大苫辺尊《おほとまへのみこと》、次に面足尊《おもたるのみこと》、惶根尊《かしこねのみこと》、次に伊弉諾尊《いざなぎのみこと》、伊弉冉尊《いざなみのみこと》がお化《な》りになりました。この八柱の神々は乾坤《あめつち》の道があい参《まじ》って化《な》られた神々で男女を成《な》しました。はじめの国常立尊から伊弉諾尊、伊弉冉尊に至るまでを、神代七代《かみのよななよ》と言います。

(一) 日本書紀は創生神を稲作の神様として描いている

古事記では、はじめに登場される神様が天之御中主神《あめのみなかのぬしのかみ》です。何もない時空間《いわばゼロ・ポイント》にこつ然と現《あらわ》れたその神様は、あらゆる存在のすべてであり、その存在すべてを隠身《かくりみ》といって胎内《たいない》にお隠しになられたとあります。つまり我々が住む時空間のすべては神様の胎内にあるというところから古事記は書き始めているわけです。ところが日本書紀の最初の神様は国常立尊《くにのとこたちのみこと》です。国というのは我々が住む世界のことです。ですから日本書紀はその書名通りに、日の本にある我々が住む世界の成り立ちから書き起こしているのです。

我々が住む世界がどのような世界かということを、次に登場される国狭槌尊《くにのさつちのみこと》、次に豊斟渟尊《とよくむぬのみこと》の御神名《ごしんめい》が教えてくれています。神様のお名前というのは、神様ご自身がそのように名乗られたということではなくて、人が、その神様がどういう神様であるかを明らかにするために名付けたお名前です。ですから神様のお名前には意味があります。日本書紀はその意味を読みと漢字で表《あらわ》しています。国常立尊《くにのとこたちのみこと》なら、字を見れば国に恒常的《こうじょうてき》におわして、立って上からこの世のすべてを見ていてくださる、ありがたい神様とわかるし、読みからは「とこにたつ」神様で、「とこ」は床《とこ》の間と同じ、一段高いところですから、以下に出てくる神様よりも位《くらい》が高い神様とわかります。その神様のお名前を「クニノトコタチノミコト」とカタカナにしてしまうと、大切な神様の意味を見失うことになってしまいます。

では二番目に登場する国狭槌尊《くにのさつちのみこと》は、どういう意味のご神名なのでしょうか。字を見ると「狭《さ》」が両手ではさむこと、「槌《つち》」が木槌や大鎚などを意味しますから、「大鎚を手にして我々が住む世界の境界を定める神様」といった意味になります。読みの「さつち」は、「さ」が稲のことを意味し、「つち」が「土」を表します。漢字の意味と読みの意味を合わせますと「稲作を基にする国を大鎚を手にして護られている神様」といった意味のお名前の神様とわかります。

豊斟渟尊《とよくむぬのみこと》は、「とよ」は豊かな収穫、「くむ」は「汲む」で、「ぬ」は完了ですから、「汲んでも尽《つ》きないほどの豊かな収穫をもたらす神様」です。

この国常立尊《くにのとこたちのみこと》、国狭槌尊《くにのさつちのみこと》、豊斟渟尊《とよくむぬのみこと》の三神を合わせて「造化三神《ぞうかさんしん》」と言います。すべての原点となる三柱の神様、という意味です。

(二) 乾神《あめのかみ》と乾坤神《あめつちのかみ》

右の三神は「乾道《あめのみち》に独り化《な》られた神様で、ゆえに純男《をとこのかぎり》を成《な》します」とあります。原文ですと「乾道独化、所以、成此純男」です。「乾道《あめのみち》」は「清陽《すみあきらか》なものが薄く広がって天《あめ》となった」と書かれていますから、純粋で清い光の世界が「乾道《あめのみち》」です。ですから「乾道独化、成此純男」は、純粋に天の気独《のみ》によって成《な》られたから「乾の神」＝「純男《をとこのかぎり》」と書いているわけです。

運を天に任せて大勝負に出ることを、よく「乾坤一擲《けんこんいってき》の大勝負」などと言いますが、「乾」は「あめ」、「坤」は「つち」を意味します。そして「乾坤」の音読みは「けんこん」ですが、訓読みはこれで「あめつち」と読みます。要するに「乾《あめ》」があれば「坤《つち》」もあるわけで、「あめつち」は、陰陽《おんみょう》でもあり、天地でもあり、男女でもあるわけです。そこで続けて四組八柱の男女神が紹介されています。それぞれの神様は別名も併記《へいき》されていて、文章ですとわかりにくいので、箇条書きで並べてみます。

①埿土煑尊《うひぢにのみこと》、沙土煑尊《すひぢにのみこと》
《別　名》埿土根尊《うひぢねのみこと》、沙土根尊《すひぢねのみこと》
②大戸之道尊《おほとのぢのみこと》、大苫辺尊《おほとまへのみこと》
《別名一》大戸摩彦尊《おほとのまひこのみこと》、大戸摩姫尊《おほとのまひめのみこと》
《別名二》大富道尊《おほとのまぢのみこと》、大富辺尊《おほとまへのみこと》
③面足尊《おもたるのみこと》、惶根尊《かしこねのみこと》
《別名一》吾屋惶根尊《あやかしこねのみこと》、忌橿城尊《いむかしきのみこと》

《別名二》青橿城根尊《あをかしきねのみこと》、吾屋橿城尊《あやかしきのみこと》

④伊弉諾尊《いざなぎのみこと》、伊弉冉尊《いざなみのみこと》

(三) 神々のお名前の意味するもの

はじめに登場する埿土煑尊《うひぢにのみこと》、沙土煑尊《すひぢにのみこと》は、漢字で読むと「泥を煮《に》る、砂を煮る」で意味が通じません。ですから日本書紀にはちゃんと注釈があって、「埿土はうひぢ〔于毘尼〕と読み、沙土はすひぢ〔須毘尼〕と読みなさい」とあります。つまりここでの漢字はただの当て字でしかなくて、大和言葉で意味を取りなさいと書いているわけです。大和言葉では「ひぢ」も「に」も泥土《でいど》のことです。「う」は「植《う》」、「す」は平らな「州《す》」ですから、平地の泥土の浅瀬《洲》に苗を植えることとわかります。まさに稲作そのものです。

別名の「埿土根尊《うひぢねのみこと》、沙土根尊《すひぢねのみこと》」は、いずれも「煑《に》」が「根《ね》」に替わっていますが、泥土に根を植えるなら、どうみても田植えのことです。さらに「根」には、大地に根ざすという意味がありますから、稲作を土台にした国造りの意味が重ねられています。

次の大戸之道尊《おほとのぢのみこと》と大苫辺尊《おほとまへのみこと》は、「大戸」が大きな戸で、そこに「之道《いたるみち》」ですから「大きな戸に至《いた》る道」です。「苫《とま》」は草で葺《ふ》いた屋根のことで、「辺」はその「ほとり」です。つまり「大きな草葺き屋根の家のほとり」という意味です。そこから「大戸之道」と「大苫辺」を合わせて、「草葺屋根の大きな屋敷のほとりに至る道」といった意味とわかります。

この二神の別名が大戸摩彦尊《おほとのまひこのみこと》、大戸摩姫尊《おほとのまひめのみこと》と、大富道尊《おほとのまぢのみこと》、大富辺尊《おほとまへのみこと》です。大戸摩彦、大戸摩姫の「摩」は、もともと手で麻をすりつぶして繊維をとることの象形で、「彦・姫」はそれぞれ男女です。つまり大きな門〔戸〕のある屋敷で麻製品を作っている男女という意味です。もうひとつの大富道《おほとのまぢ》、大富辺《おほとまへ》も、「大富」が「たいへん豊か」ですから、誰もが豊かに安心して暮らせるための道といった意味になります。

次の面足尊《おもたるのみこと》と惶根尊《かしこねのみこと》は、「面」が顔で、「足」には満足という意味があります。「惶」は、「皇」が美しく輝《かがや》くで、これに「忄」が付いていますから、心が美しく輝くという意味です。ということは面足《おもたる》が「みんなの顔が満足に輝く」、惶根《かしこね》が「大地に根ざした心が輝く」ですから、二神のお名前を合わせると、「稲作や麻製品つくりをする人々の顔が笑顔に輝き大地に根ざした心が輝く」といった意味になります。

この二神の別名が吾屋惶根尊《あやかしこねのみこと》、忌橿城尊《いむかしきのみこと》で、吾屋惶根は「我が家は大地に根ざして美しく耀《かがや》く」、「忌」はかしこまる、「橿城」は「樫の木でできた硬い城」ですから、「樫の木の家は美しく耀《かがや》く」となります。

別名の二の青橿城根尊《あをかしきねのみこと》、吾屋橿城尊《あやかしきのみこと》もまた、青橿城根で「堅い樫の木でできた青い我が家は大地に根ざし」、吾屋橿城で「我が家は堅い樫の木の城」ですから、いずれも「家族の繁栄」を意味します。

最後が伊弉諾尊《いざなきのみこと》、伊弉冉尊《いざなみのみこと》です。「伊」は手にムチを持った人の象形で、そこから氏族《しぞく》の長とか治《おさ》める人を意味するようになった字です。「舛」は、装いを凝らして堂々としているさま、「諾」は御神意を口にすることの象形です。「冉」は、しなやかなさまを意味する漢字です。

　そこから、次の意味となります。

「伊舛諾」＝神々の意を受けた堂々とした男性神
「伊舛冉」＝神々の意を受けたしなやかな女性神

　また大和言葉では「き」は男、「み」は女を意味します。ですから「おきな〔翁〕」、「おみな〔媼〕」などと言います。「いざな」は「誘《いざな》う」ですから、「いざなき、いざなみ」は、それぞれ「いざなう男、いざなう女」という意味になります。これに漢字を重ねることで、堂々としたいざなう男性と、しなやかで美しい、いざなう女性という意味が重なります。

さて、ここまでの神々のお名前を整理すると次のようになります。

国常立尊・国狭槌尊・豊斟渟尊

↑　↑　↑

全宇宙の根幹に成られた永遠不滅の神様《国常立尊》の両脇に、
神稲の土壌を司る神様《国狭槌尊》と
豊穣をもたらす神様《豊斟渟尊》が並んでいる様子

さらに四組八柱の神々のお名前の持つ意味だけを並べてみます。

平地の泥土の浅瀬《洲》に、苗を植え　　埿土煑尊・沙土煑尊
稲作を土台にした国造りをした。　　埿土根尊・沙土根尊
草葺屋根の大きな屋敷に至る道は　　大戸之道尊・大苫辺尊
誰もが豊かに安心して暮らせるための道　　大戸摩彦尊・大戸摩姫尊

稲作や麻製品つくりをする人々の顔は笑顔に輝き　　面足尊・惶根尊
樫の木の家は美しく耀き　　吾屋惶根尊・忌橿城尊
家族は繁栄し　　青橿城根尊・吾屋橿城尊
神々の意を受けた堂々とした男性神と　　伊弉諾尊
神々の意を受けたしなやかな女性神が　　伊弉冉尊
お生まれになった。

もちろん神々のお名前は、それぞれの神様のことを意味しますから、一柱ごとの神様もちゃんとおわされたものと思います。ただ、七世紀から八世紀にかけて日本書紀を編《へん》纂《さん》した人たちは、同時に神々のお名前をもとに、我が国が目指そうとした国家の根幹となる形をこうして描いたということがわかります。拙著『ねずさんの奇跡の国　日本がわかる万葉集』にも書きましたが、私たちの祖先は豊かで安全で安心して暮らすことができ、男女が対等に暮らすことができる日本を目指してきたのです。

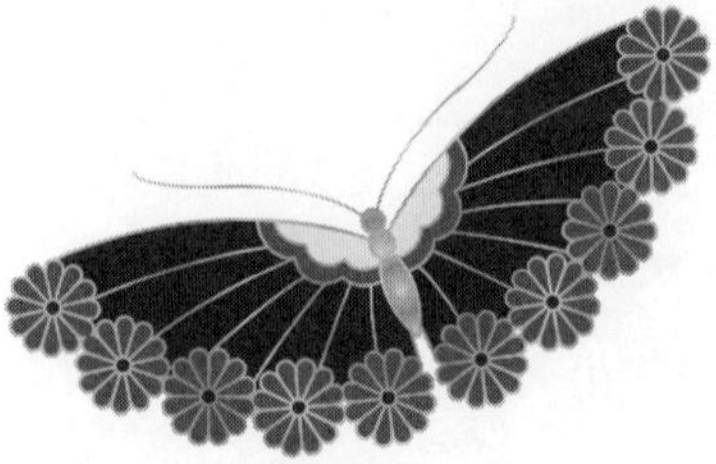

そして、あたりまえのことですが、人は食べなければ生きていくことができません。冷蔵庫のなかった時代においては、海外から冷凍コンテナに乗せて食べ物を運んでくることはできませんから、どこまでも我が国内で食料を生産していかなければ、人々が生きていくことができないのです。ですから自給自足できる国の形を築いていくことにこそ、国家を営む理由がある。そういうことを、日本書紀は冒頭から、いわば宣言《せんげん》しているといえます。

伊弉諾《いざなぎ》と伊弉冉《いざなみ》の目指《めざ》した国とは

日本書紀巻一・二

　前節でお成《な》りになられた伊弉諾尊《いざなぎのみこと》と伊弉冉尊《いざなみのみこと》は、ただ稲作の国にお生まれになった堂々とした男性としなやかな女性というだけでなく、磤馭慮嶋《おのごろじま》を築き、そこで大八洲《おほやしま》の国を生み、山川草木を生み、そして我が国の最高神であられる天照大神《あまてらすおほみかみ》を生みます。ここで大切なことは二つ。ひとつは我々の共通の始祖《しそ》となられるご祖先である伊弉諾大神と伊弉冉大神が目指した国とはどのような国であったのか。そしてもうひとつは霊《ひ》と身《み》の関係です。

【あらすじ】

伊弉諾尊《いざなぎのみこと》と伊弉冉尊《いざなみのみこと》は天浮橋《あめのうきはし》の上に立たれて、共に「底下《そこつした》に、よろこびあふれる楽しい国《豈国《あにくに》》は無《な》いだろうか」と計《はか》られました。そして天之瓊矛《あめのぬぼこ》を、底下の滄溟《あをうなはら》に指《さ》し下《おろ》すと、矛の鋒《さき》から滴《したた》り落ちた潮《しほ》が凝《こ》って磤馭慮嶋《おのごろじま》になりました。

二神《ふたはしら》は、その嶋《しま》に天降《あまくだ》り、磤馭慮嶋《おのごろじま》を国のまん中の柱《みはしら》にして、陽神《をかみ》は左《ひだり》から、陰神《めかみ》は右から嶋《しま》を旋《めぐ》り、互いに顔を見合わせました。このとき陰神《めかみ》が先に、「憙《うれし》いことです。可美少男《うましをとこ》（良い男）に遇《あ》いました」と述べました。陽神《をかみ》は、これを悦《よろこ》ばず、

「私は男子《ますらを》です。男子が先に声をかけるのが理《ことわり》です。どうして婦人《たわやめ》が先に声をかけるのですか。これは良くないことです。もう一度あらためて旋《めぐ》るのが良いでしょう」と述べました。そこで二柱の神は、もう一度、嶋《しま》をまわり、今度は陽神《をかみ》が先に「可美少女《うましをとめ》に遇《あ》って憙《うれし》い」と言われました。

こうして二神は結ばれて夫婦《をうとめ》となり、大八洲国《おほやしまのくに》や山川草木《やまかはくさき》を生みました。そして次に「何《いかに》ぞ天下《あめのした》の主者《きみたるもの》を生まざらむ」とのたまわれ、共《とも》に日《ひ》の神を生みました。この神

のお名前を大日孁貴《おほひるめのむち》といいます。大日孁貴は、こう書いて於保比屢咩能武智《おほひるめのむち》と読み、孁の音《よみ》は力丁反《りきていのかへし》です。この神様のお名前は、ある書では天照大神《あまてらすおほみかみ》と言い、ある書では天照大日孁貴《あまてらすおほひるめのむち》と言います。この子は光華明彩《ひかりうるはしく》して、その光は六合《くに》の内を照《て》り徹《とほ》すものでした。二神はたいへんよろこばれ、当時は天地はとても近かったので、この子を天《あめ》の御柱《みはしら》を以《もち》て、天の上に擧《あげ》ました。

右が伊弉諾、左が伊弉冉
（小林永濯 作『天瓊を以て滄海を探る図』より）

(一) よろこびあふれる楽しい国、豈国《あにくに》とは

「伊弉諾《いざなぎのみこと》尊と伊弉冉《いざなみのみこと》尊は天浮橋《あめのうきはし》の上に立たれて、共に『底下《そこつした》に、よろこびあふれる楽しい国《豈国《あにくに》》は無《な》いだろうか』と計《はか》られました」と訳させていただいたのですが、ここは原文では「共計曰底下豈無国歟」となっているところです。古文で「あに〜や」は反語表現で、この場合であれば「底の下の方に国はあるだろうか、ないよね」といった会話と訳されるところですが、ここで使われている「豈《あに》」という漢字は、神社などで使われる据え置き型の太鼓である楽太鼓《がくたいこ》を象形化した字です。楽太鼓は打ち鳴らすときが決まっていて、婚礼《こんれい》の儀《ぎ》など、お祝《いわい》の儀《ぎ》のときにだけ使われます。要するに「よろこびのとき、楽しいときにだけ打ち鳴らす太鼓」だから楽太鼓という名前が付けられているわけです。したがってここは、単に反語的表現というだけでなく、「よろこびあふれる楽しい国はないだろうか。ないよね。だったら自分たちでつくろうよ」と二神が共に計られたのだということを日本書紀は書いていることになります。こうしてできたのが

磤馭慮嶋《おのごろじま》で、二神はそこに降臨《こうりん》されて、国土や草木、そして神々を生むのです。何のためか。それは「よろこびあふれる楽しい国」をつくるためです。我々の住む世界が、よろこびに満ちてたのしい国であることが、二神の共通の願いであり、この世界を築いた目的だと日本書紀は述べているのです。

このことはとても大切なことです。単に国のみならず、たとえば会社も組織も家庭も、それぞれよろこびあふれる楽しい会社、よろこびあふれる楽しい組織、よろこびあふれる楽しい家庭、そして世界全体もまた、よろこびあふれる楽しい世界であることが、神々の願いであるということだからです。人の人生もまた同じです。人生は本来《ほんらい》よろこびに満ちあふれ、楽しいものでなければならないし、苦労さえもそのためにこそあるということです。

さらに、「豈《あに》」という字をよく見ると、「山《やま》」と「豆」でできています。「豆」は「と」とも読みます。つまり「豈国」は、そのまま「やまとの国」と読むことができます。

この豈国をつくるにあたって用いられたものが天之瓊矛《あめのぬぼこ》です。「天」は日本書紀冒頭の天地創生のところで「清陽《すみあきらか》なもの」と書かれています。「瓊」は美しい宝玉のことです。「矛《ほこ》」とは槍《やり》のことです。その瓊矛が天上界から底下の滄溟《あおうなばら》に指《さ》し下《おろ》されてできたのが磤馭慮嶋《おのごろじま》です。つまり天之瓊矛は天と地を結ぶ真理の理《ことわり》を意味します。その真理が「豈国《あにくに》」つまりよろこびあふれる楽しい国です。

(二) 霊《ひ》と身《み》

続いて二神は、磤馭慮《おのごろ》嶋を国のまん中の柱《みはしら》にして、陽神《をかみ》は左《ひだり》から、陰神《めかみ》は右から嶋を旋《めぐ》ります。このときに先に陰神《めかみ》から声をかけてしまったために、同じ動作をやりなおして、今度は陽神《をかみ》から声をかけています。

これは古くから我が国にある「ひふみ」から来ています。「ひふみ」というのは、単に「ひぃ、ふぅ、みぃ」といった数詞《かぞえことば》というだけでなく、日本語は一字一音一義といって、一音ごとに意味がある言語ですから、意味は「霊《ひ》生《ふ》身《み》」です。霊《魂》がまずあって、そこから身《肉体》が《生》まれることを意味します。

たとえば神社に行きますと、そこで二礼二拍一礼をします。その二拍《にはく》をするとき、両手を合わせたあと、右手を左手の指先から第一関節のあたりまで少し下げるのが作法《さほう》です。なぜかというと参拝は「自分の霊《ひ》が神様にご挨拶するから」です。ですから「霊《ひ》」を意味する《左手》を前に出し、身《み》を意味する《右手》をすこし引くのです。こうして二拍したら引いた右手をもとに戻して一礼します。肉体と霊《ひ》をもとどおりに戻して挨拶するのです。

玉串奉納《たまぐしほうのう》も同じで、玉串は「時計回りにまわして祭壇に捧げる」などと説明されますが、最終的に祭壇に榊《さかき》を捧げる段階で自分の左手が神様の方に差し出されるようにします。これもまた「霊《ひ》」が先、というところからきています。また、昔の朝廷には左大臣《さだいじん》と右大臣《うだいじん》がいましたが、左大臣の方が格《かく》が上とされました。なぜなら左大臣は「ひ(左)」の大臣だからです。ちなみに左大臣の座る席は、天皇から見て左側です。下座から見上げると、向かって右側に左大臣が座ります。

男系天皇という考え方も、実はこの「ひふみ《霊生身《ひふみ》》」からきています。女性はその「身」から赤ちゃんという「身」を産《う》みます。赤ちゃんを産むことができるのは女性だけです。けれど女性の胎内《たいない》にある「卵」は、何もしなければ、そのまま「月のもの」として排出されてしまいます。懐妊するためには、女性の胎内に、男性の「たまたま」からできる「たま（魂）」、つまり「霊《ひ》」を授《さず》けなければなりません。男女の愛と睦《むつみ》によって生まれる子のことを「血統」と言いますが、同様に天照大御神からの「霊《ひ》」を受け継ぐことは「霊統」といって、これこそが天皇の国家最高権威としての正統性の裏付けとなります。したがって誰の「霊《ひ》」を受け継いでいるのかが重要で、これが天皇は男系でなければならないことの理由です。

男性天皇の霊《ひ》を受け継いでいれば、女性であっても天皇になることができます。これが歴史上に女性の天皇が何人も存在する理由です。けれど別な霊統である天皇以外の家系の男性の霊《ひ》を授かった子は、女系と呼ばれ、我が国の歴史上、女系天皇はひとりも存在しません。天皇以外の家系ということは、天照大御神以来の霊統を絶《た》やすことになってしまうからです。

ちなみに昔は男女が並んで歩くときも、男性が女性の左側に立ち、女性は半歩下がって歩くことが常識でした。これをもって男女差別だなどという人がいますが、全然違います。男性は左の腰に刀を差しています。前から敵が襲ってきたとき、女性を守るためには男性は抜刀して女性の前に立ちふさがります。抜刀するときに女性が男性の左側にいたら、誰より先に大事な女性を傷つけることになってしまいます。大切な女性を護《まも》るためには男性は、女性の左半歩前を歩く。それは大事な女性を護るための、男性の常識であったことです。

こうした「霊《ひ》が上、身《み》が下」という考え方は、いつから始まったかさえもわからないとても古い慣習です。遅くとも律令体制が成立した大化五年（６４９年）には、初の左大臣に阿倍内麻呂が就任したという公式記録がありますから、すくなくとも七世紀には、すでに「ひ」と「み」の考え方が定着していたものと思われます。つまり最低限見積もっても千三百年以上の歴史を生き抜いた我が国の知恵であるわけです。

もうひとつ、男女の結びは霊《ひ》を結ぶ神事であるということにも触れておかなければなりません。磤馭慮嶋《おのごろじま》に降り立った伊弉諾と伊弉冉は、ここで磤馭慮嶋を国のまん中の柱《みはしら》を中心に、神《をかみ》は左《ひだり》から、陰神《めかみ》は右から嶋を旋《めぐ》り、互いに顔を見合わせて言葉を述べ合うという行動をしています。これはいまで言う婚礼の儀です。なぜ男女が結ばれるに際してこのような神事が必要なのかというと、子を生むことは「霊《ひ》」を結ぶことだからです。昆虫でも犬猫でも物理的に「身《み》」を結ぶことはできます。しかし人だけが、婚礼の儀を通じて神様の前で霊《ひ》と霊《ひ》を結ぶことができるのです。人と他《ほか》の生き物との違いは、この一点に尽きるといっても過言《かごん》ではないといえるかもしれません。それだけに男女が互いの霊《ひ》を結ぶ婚礼の儀が大切にされてきたのです。

そして神事であるということは、男女が結ばれる婚礼は、神様との約束事であるということです。神様との約束は違《たが》えることができません。人間の世ですから、今も昔も離婚はありましたが、それでも平安時代くらいまでは、女性は結婚して一度姓がかわると、再婚後も最初に結婚した相手の男性の姓を名乗り続けることが慣習でした。ですからたとえば和泉式部《いずみしきぶ》は二度の結婚をしていますが、ずっと最初の夫の和泉《いずみ》を名乗っています。

もうひとつ申し上げると、「霊《ひ》が上、身《み》が下」という考え方は男尊女卑《だんそんじょひ》とはまったく意味が違います。いくら霊《ひ》があっても、女性がいなければ子は生まれないのです。つまり男女はその役割が異なるだけで、互いの尊厳は対等だというのが、日本古来の思想です。

(三) 大日孁貴《おほひるめのむち》の意味するもの

二神は大八洲国《おほやしまのくに》や山川草木《やまかはくさき》を生み、その後にそれまでに生んだすべての神の子らの主人になる神を生もうと話し合いました。こうして生まれたのが大日孁貴《おほひるめのむち》です。日本書紀はこの神様のことを、ある書では天照大神《あまてらすおほみかみ》と言い、ある書では天照大日孁貴《あまてらすおほひるめのむち》と言うと書いています。そして以降はすべて天照大神《あまてらすおほみかみ》と表記すると書いています。

ではなぜ日本書紀は、誕生のときだけを大日孁貴《おほひるめのむち》と書いたのでしょうか。

原文は、大日孁貴の「孁《め》」は「力丁反《りきていのかへし》」であると注釈しています。これは反切《はんせつ》といって、前の音である《力》の最初の音と、次の丁の後ろの音を取りなさいということです。この場合ですと、「力」は《ri-ki》、「丁」は《tyo-u》ですから、それぞれの前と後ろをとって「ru＝ル」と読みなさいと注釈しているわけです。ところがそれだけですと、大日孁貴は「おほひるのむち」になってしまいます。にもかかわらず日本書紀は「大日孁貴は『おほひるめのむち』と読みなさい」と注釈しています《原文：大日孁貴、此云於保比屢咩能武智》。では「め」はどこに行ってしまったのでしょうか。中国漢字にも「孁」という字はありません。あるのは「霊」という字だけです。

ここはおそらく、もともと「孁」は「霊女」と書かれていたのであろうと思います。

そうであれば、「大日霊女《るめ》貴」となり、これなら「おほひるめのむち」と読めるからです。日本書紀はもともと縦書きの文書ですから、どこかで「霊女」がつながって「孁」という存在しない字に化けてしまったのかもしれません。

さらにいうと「霊」という字の略字は「巫」です。ですから「霊女《るめ》」を略字で書けば「巫女《みこ》」になります。すると「大日孁《おほひるめ》」は、「大日巫女《おほいなるひのみこ》」となり、「大」を取れば「ひみこ《日巫女》」です。同じ音の女性が魏志倭人伝にも「卑弥呼《ひみこ》」として登場します。卑弥呼は完全に当て字ですから、もともとは「日の巫女《みこ》」であり、その女性が「光華明彩《ひかりうるはし》く、上下四方を内側から照らし徹《とお》す」ような素晴らしい女性であったと書かれていることになります。もちろん、だからといって魏志倭人伝にある「卑弥呼」と日本書紀の大《おほ》日孁貴《ひるめのむち》とを同一視することはできません。なぜなら魏志倭人伝が書いている卑弥呼は二世紀後半から三世紀にかけての女性ですが、日本書紀にある大日孁貴は、もっとはるか太古の女性であり、神界の神様だからです。魏志倭人伝の卑弥呼は、倭国大乱のときにこれを鎮《しず》めた女性とされますが、それはむしろ代々天照大神にお仕えする女性の神官であり、その女性の神官が、神憑《かむがかり》して乱を収《おさ》めることに一役買ったと考えたほうが合理的であるように思います。

さて、大日孁貴《おほひるめのむち》がお生まれになったとき、伊弉諾尊《いざなぎ》と伊弉冉尊《いざなみ》はたいへん喜《よろこ》ばれて、「たくさんの子を生んできたが、このような奇《く》しき子は生まれたことがない。この子はこの国にとどめるのではなく、天上界に送って、天上界の事に授けよう」と話し合い、このころは「まだ天地が互いに近かったので、二神は天の御柱《みはしら》を使って、この子を天上界にあげられた」と書かれています。つまり大日孁貴《おほひるめのむち》は、伊弉諾《いざなぎ》と伊弉冉《いざなみ》という創生神から生まれて、さらにその上の神界の神様になられたということです。神様から生まれた神様で、しかもより上位の神様になられたから、最高神となられるわけです。

このこともまた日本書紀を通底するひとつの思想です。歴代の天皇はその天照大神の直系のご子孫です。その天皇がお亡くなりになられることを「崩御《ほうぎょ》」と言いますが、「崩」という字の「朋」の部分はもともとは「鳳《おほとり》」の略字です。つまり「鳳」となって天界に旅立たれるから「崩御」です。その他の皇太子などの御皇族の場合は「薨御《こうぎょ》」、その妻である皇太子妃や親王、内親王の場合は「薨去《こうきょ》」、それ以外の普通の人は「逝去《せいきょ》」といいます。「薨」の字は、お亡くなりになって人の目に見えない世界に旅立たれることと、「逝」は、肉体から魂が離れることです。天照大神からの直系の霊統にあり、皇位に就かれた天皇のみが、聖徳をそなえられた天子として神界にあっても、鳳凰として存続し続けるとされてきたのです。だから「崩御」です。つまり天照大神同様、歴代天皇は崩御されたのちも、ずっと天上界におわして、私たちの日本が、そして世界中の人々が、よろこびあふれる楽しい日本、よろこびあふれる楽しい世界となるように見守っているのです。それは大昔から令和の世までずっとつながっていることです。

素戔嗚尊《すさのをのみこと》と八岐大蛇《やまたのをろち》の物語が示すもの

日本書紀巻一・三

素戔嗚尊《すさのをのみこと》と八岐大蛇《やまたのをろち》の物語はたいへんに有名です。けれどもこの物語は、そもそも素戔嗚尊が高天原で大暴れする物語から始まっています。このときに天照大神が幽《こも》られたのが天岩窟《あまのいはや》です。日本書紀はこの一連の物語を通じて、権威と権力を分離することの大切さ、そして男子たるもの、どんな苦境にあっても常に民衆のために戦い抜くことの大切さを教えてくれます。

1　誓約《うけひ》

【あらすじ】

伊弉諾尊《いざなぎのみこと》と伊弉冉尊《いざなみのみこと》は、天照大神《あまてらすおほみかみ》を生《う》んだあと、続けて月神《つきのかみ》、蛭児《ひるこ》、そして素戔《すさの》嗚尊《をのみこと》を生みました。ところが素戔嗚尊が泣いてばかりいる。そこで父母の二神は素戔嗚尊に「お前は根《ね》の国に適《い》け」と言いました。素戔嗚尊は「根の国に行く前に姉に会いたい」と言って高天原に向かいました。このとき素戔嗚尊があまりに元気よく高天原に上ったため、天照大神は、「吾《あ》が弟はこの国を奪《うば》おうとしに来たに違いない」と述べて、みずから武装し、背に千本の矢立《やたて》と五百本の矢が入る靫《ゆき》を背負い、雄《を》たけびを上げて、素戔嗚尊を出迎えました。素戔嗚尊は姉にここに至るまでの事情を説明するのですが、天照大神は「どうやってお前の赤心《きよきこころ》を明かすのか」と問います。素戔嗚尊は「誓約《うけひ》をしましょう」と申し出ました。そして「誓約《うけひ》によって証明します。生まれた子が女《たをやめ》なら濁心《きたなきこころ》、男《ますらを》ならば清《きよ》き心です」と述べました。

天照大神が素戔嗚尊の剣を取って生んだ子は三柱の女性神でした。素戔嗚尊が天照大神の髪飾りを取って生んだ子は、五柱の男性神でした。ところが天照大神はなぜか「生む元になった道具は男の子が吾《あ》が髪飾り、女の子は素戔嗚尊の剣だったのだから、男神が吾が子、女子神が素戔嗚尊の子である」と申されて、素戔嗚尊に濁心《きたなきこころ》があるとしました。

(一) どうして軍団まで率いて出迎えたのか

天照大神《あまてらすおほみかみ》は、高天原《たかまがはら》における最高の御存在です。その高天原に弟の素戔嗚尊《すさのをのみこと》がやってくると聞いた天照大神は、みずから武装して素戔嗚尊を出迎えています。このとき「背に千本の矢立《やたて》と五百本の矢が入る靭《ゆき》を背負った」とあります。矢立《やたて》と靫《ゆき》は、ともに矢を携帯するための入れ物ですが、矢立は背中に背負うもの、靫《ゆき》は腰に付けるものという違いがあります。いずれにしても、ひとりで背中に千本、腰に五百本の矢を携帯することはできませんから、このことは高天原の八十神たちによる軍勢を率《ひき》いていることを述べているものといえます。八十神の「八」は古語では「たくさんの」を意味します。それが「十」あるのですから「数え切れないくらいたくさんの」神々という意味になります。つまり天照大神は、みずから武装しただけでなく、軍団を率いて素戔嗚尊を出迎えておいでになるわけです。

ここでひとつの疑問が起こります。次の疑問です。

《疑問①》素戔嗚尊は、ただ姉に会おうとしに来ただけなのに、なぜ天照大神は武装し、八十神たちまで従えて素戔嗚尊を詰問《きつもん》したのでしょうか。

(二) 変えられた誓約《うけひ》の結果の意味するものとは何か

ただ姉に会いに来ただけなのに、それだけの軍団で出迎えられただけでなく、いきなり「おまえは高天原を奪《うば》いに来た」と決めつけられた素戔嗚尊は、さぞかし驚かれたであろうことは、誰でも容易《ようい》に察《さっ》することができます。この「察する」という文化が、本書巻末の特別掲載でご紹介する聖徳太子の十七条憲法に掲げられた努力規定です。日本書紀は十七条憲法よりも後の書ですから、憲法にしたがって、読み手もそのように文意を察しながら読むことが求められます。素戔嗚尊《すさのをのみこと》は、高天原にやってくることになった経緯《けいい》を縷々《るる》説明するのですが、天照大神《あまてらすおほみかみ》は納得してくれません。それどころか「どうやっておまえの赤心《きよきこころ》を明かすか」と詰問《きつもん》されています。そこで素戔嗚尊は、誓約《うけひ》で証明すると言います。誓約《うけひ》というのは、一定のルールを決めて御神託を得ようとするものです。そこで素戔嗚尊は、誓約《うけひ》によって生まれた子が、

女神なら濁心《きたなきこころ》

男神ならば清《きよ》き心

と決め、天照大神もこれを承諾して、いよいよ誓約《うけひ》が始まります。結果は、

天照大神＝素戔嗚尊の剣から三柱の女神を生む

素戔嗚尊＝天照大神の髪飾りから五柱の男性神を生む

というものでした。素戔嗚尊から生まれた子は男の子ですから、素戔嗚尊は嘘を言っていなくて清き心であるということになります。一方、天照大神《あまてらすおほみかみ》の方は、女の子です。

つまり天照大神《あまてらすおほみかみ》には、何か別なお考えがあるということになります。

ところが、なぜか天照大神は「生む元になった道具は男神が私の物だった、女神が素戔嗚尊の物だった」という理由で、素戔嗚尊に濁心《きたなきこころ》があるとしてしまわれました。天照大神は最高神ですから、その天照大神の御意向・御決定には、誰も逆らうことはできません。

ここでふたつめの疑問が起こります。それは、

《疑問②》なぜ天照大神は、誓約《うけひ》の結果を言い換《か》えられたのでしょうか。

ちなみに天照大神は最高神です。最高神ですから、いまも昔も存在します。つまり時空を超越した神様であるということです。時空を超越するということは、時間軸さえも超えるということですから、天照大神には、もともとすべての結果は、はじめからわかっていたことになります。

2　素戔嗚尊の大暴れ

【あらすじ】

高天原に残った素戔嗚尊は、天照大神の大切な田に、種を重ねて播《ま》いたり、田の畦《あぜ》を壊したり、馬を田に放って作物を荒らしたり、さらには天照大神の新嘗祭《にいなめさい》のための大切な神殿に糞《くそ》をしたりしました。そして天照大神が衣料を織るために斎服殿《いみはたどの》におわすときに、皮を剝《は》いだ天の斑駒《ふちこま》をその服殿《はたどの》の屋根に穴をあけて投げ入れたりしました。このときには天照大神は驚《おど》ろ動かれて、機織り道具の「梭《ヒ》」で身に傷を負われてしまいました。

天照大神は、たいへんに慍《おこ》られて、ついに天石窟《あめのいはや》に入られて、磐戸《いわと》閉《と》ざして幽《こ》もられてしまいました。このため六合《くに》の内《うち》は常闇《とこやみ》となり、昼夜の別もなくなってしまいました。

(一)　天照大神の慍《いか》りは何に対するものか

素戔嗚尊が田に重ねて種を播《ま》いたというのは、一度種を播《ま》いた上から、重ねてまた種を播くことを言います。そんなことをしたら大事な稲が育たなくなります。田の畦道《あぜみち》が壊れて困るのは、田に水をひいたときです。そして新嘗祭は、育った稲から収穫したお米をいただく儀式です。こうして稲の収穫が終わると、男性たちは藁《わら》を運んだり編んだりし、女性たちは麻などを使って機織《はたお》りをします。つまりここまでは時の経過を表《あらわ》しています。稲が稔《みの》るまでの半年が経過しています。神殿に糞《くそ》をしたということは、神殿を穢《けが》したということです。そしてついに、素戔嗚尊は、天照大神に怪我《けが》まで負わせてしまいます。

ここで天照大神は、たいへんに慍《おこ》られたとあります。「慍」という字は「ふつくむ」とも読みますが、意味は「腹を立てていきどおる」ことです。そしてついには、天石窟《あめのいはや》に入られて、磐戸《いわと》を閉《と》ざして幽《こ》もられてしまわれるのです。天照大神《あまてらすおほみかみ》は太陽神です。

太陽が磐戸の向こうに隠れてしまったら、この世は闇夜《やみよ》に閉《と》ざされます。

ここでもまた二つの疑問が残ります。次の二つです。

《疑問③》天照大神は、何に対して《あるいは誰に対して》腹を立てていきどおられたのでしょうか。

《疑問④》天地が暗くなることで困るのは誰でしょうか。

3 天石窟《あめのいはや》からのお出まし

【あらすじ】

昼夜の別がなくなりずっと夜ばかりになって困った八十神たちは、天《あめ》の安《やす》の河辺《かはら》に集って会議を開きます。このとき思兼神《おもひかねのかみ》の知恵に基づき、様々な神々が準備をし、猿女君《さるめのきみ》の遠い祖先である天鈿女命《あめのうずめのみこと》が手に茅纏《ちまき》の矛《ほこ》《ススキを巻いた矛》を持ち、真榊《まさかき》を髪飾りにし、蘿《かげ》《蔓《つる》性の植物》を手繦《たすき》掛けして、焚火《かがりび》を手にし、伏せた桶《おけ》に乗って神がかりになって天石窟戸《あめのいわと》の前で巧《たく》みに踊りました。

天照大神は、その音を聞かれて「吾《われ》が石窟《いはや》に閉《こも》り、豊葦原《とよあしはら》の中つ国まで長い夜になっているのに、どうして天鈿女命《あめのうずめのみこと》はそのように楽しくしているのか」と問われて、その御手《みて》で磐戸《いわと》を少しだけ開けて外の様子を窺《うかが》われました。このとき手力雄神《たぢからをのかみ》が、天照大神の御手を奉承《たまは》り、中臣神《なかとみのかみ》と忌部神《いむべのかみ》がすぐに端出之縄《しりくめなわ》を界《ひきわた》しました。そして、「もう石窟《いはや》に還幸《かへ》らないでください」と申しました。

(一) 天鈿女命《あめのうずめのみこと》の舞

本抄における天《あめ》の安《やす》の河辺《かはら》での八十神たちの会議のような習慣は、いまでも南方の島々に残っています。島で何か問題が起きると、島の住民全員が一箇所に集まって、解決案が固まるまで何日もかけて会議を行うのです。ひとりでも反対意見があれば、全員の意見が一致するまで会議は何日でも続けられます。

さて、会議の決定にしたがって、天鈿女命《あめのうずめのみこと》が舞を披露《ひろう》します。ここでひとこと申し上げておきますが、右のあらすじは日本書紀の本文にしたがっています。お読みいただいてわかる通り、このとき天鈿女命《あめのうずめのみこと》が裸踊《はだかおど》りをしたとは、どこにも書いてありません。このことは古事記においても同様で、古事記は「裳《も》《はかまのこと》の紐を女陰に垂《た》らしたと書いているだけです。ちゃんとはかまを身に着《つ》けておいでになります。日本書紀もまた単に「神がかりして踊った」と書いているだけです。

ちなみに天鈿女命《あめのうずめのみこと》は、猿女君《さるめのきみ》の遠い祖先です。天鈿女命は、後に天孫降臨の際に、瓊瓊杵尊《ににぎのみこと》とともに地上に降臨し、そこで猿田彦と結婚して猿女君《さるめのきみ》となりました。これが我が国の女性が結婚して姓がかわる事始めです。そして猿女君の芸能は、そのまま宮中舞踊やお神楽の舞踊《ぶよう》となり、さらに民間の猿楽としても発達し、その猿楽からお能が生まれています。天鈿女命《あめのうずめのみこと》は偉大な女性神なのです。

おそらく少しでも神話に興味や関心を持ってもらいたいという強い気持ちから裸踊りのような表現になったのであろうと想像しますが、大切な神々の物語を、そのような品のない物語に改《かい》ざんしてしまうのはとても残念なことに思います。

(二)　自《みず》らの意思でお出《で》ましになられた天照大神

　また天照大神《あまてらすおほみかみ》は「どうして天鈿女命《あめのうずめのみこと》はそのように楽しくしているのか」と御下問《ごかもん》になられていますが、至上《しじょう》の御存在と直接対話できるのは、我が国では女性だけに与えられた特権と考えられてきました。ですからたとえば桃の節句《せっく》のお雛様《ひなさま》においても、お内裏様《だいりさま》のすぐ下の段に置かれるのは三人官女《さんにんかんじょ》です。その下が五人囃子《ごにんばやし》の子たち、四段目になってようやく男性の左大臣、右大臣が並びます。神様に近いのは、先ず女性、次に子供、男性はその下なのです。

　要するに神様と直接対話できるのは女性だけです。天照大神が御手で磐戸《いはと》を少しだけ開けられたときに、手力雄神《たちからをのかみ》が天照大神の御手《みて》を奉承《たまは》り、中臣神《なかとみのかみ》と忌部神《いむべのかみ》がすぐに端出之縄《しりくめなわ》で結界《けっかい》を張って天照大神が再び石窟《いはや》に還幸《かへ》らないようにし、またそのように奏《そう》上《じょう》していますが、この奏上も、天照大神におつなぎできるのは、女性である天鈿女命だけだというのが、古代における我が国の常識です。したがって中臣神と忌部神《いむべのかみ》が直接天照大神にそのように奏上したのではありません。中臣神と忌部神が「もう石窟《いわと》に還幸《かへ》らないでください」と奏上し、これを天鈿女命が天照大神に取り次いで、天照大神が「わかりました」と納得されたから、天照大神は石窟からお出ましあそばされたのです。そしてその際に、手力雄神が天照大神の御手《みて》を奉承《たまは》ったのです。手力雄神《たぢからをのかみ》がその体力に任《まか》せて強引に天照大神を石窟から引き出したということではありません。天照大神は、あくまで「ご自身の意思で」石窟からお出ましになられたのです。そもそも天照大神は最高神であって、最高神とは万能《ばんのう》の神です。天照大神の御意思が「石窟から出ない」という選択であるならば、手力雄神の力くらいで引き出せるはずもないのです。右のこと、いずれも読み間違いしやすいところなので注意が必要です。

さて、そうした背景と物語の流れのなかから次の疑問が生じます。

《疑問⑤》天照大神は、なぜ石窟から出るという選択をなされたのでしょうか。

4　八十神たちによる素戔嗚尊《すさのをのみこと》の追放

【あらすじ】

右の後、諸々の神々は素戔嗚尊の罪過《つみ》を問い、素戔嗚尊に千座置戸《ちくらのおきど》の徴収、髪《かみ》の毛を抜き、手足の爪を剝《は》いで、高天原から素戔嗚尊を追放しました。

㈠　素戔嗚尊《すさのをのみこと》の追放

天照大神《あまてらすおほみかみ》がお出ましになられたあと、諸々の神々《原文：諸神》は、素戔嗚尊を高天原から追放します。このときに諸々の神々が素戔嗚尊に科《か》した刑罰《けいばつ》が、次の四つです。

1　千座置戸《ちくらのおきど》の徴収

2　髪《かみ》の毛を抜く

3　手足の爪を剝《は》ぐ
4　高天原から追放する

ここでいう諸々の神々《原文：諸神》とは、物語の流れから、天照大神を含みません。つまりあくまで八十神たちだけを意味します。八十神たちが協議して、素戔嗚尊を逮捕し、罪科を負わせて追放しているのです。

罪科の内容は、ご覧いただいてわかる通り、たいへんに厳しい内容です。千座置戸というのは、千の蔵に入るほどの財物で、わかりやすくいえば、千戸のお蔵にしまえる分のお米や穀物を徴求《ちょうきゅう》したということです。高天原で暴れていただけの素戔嗚尊に、それだけの財貨を支払える資力はありませんから、これは今風にいえば、素戔嗚尊にとっては借金になります。いずれは払わなければならないものです。髪の毛を抜き、手足の爪を剝《は》ぐというのは体罰ですが、とても痛そうです。そして高天原から追放しています。

そして実はここに、ここまでの《疑問①〜⑤》のすべてへの解答があります。

(二) 疑問《ぎもん》への答え

たとえば全国に多数の支店を構《かま》える大きな会社があったとします。そのなかのある支店にクレーマーがやってきて、「社長を出せ」とすごんだとします。そうしたら社長が毎回、支店まで出ていくのでしょうか。何のために窓口担当があり、窓口の責任者があり、また支店長がいるのでしょうか。仮にそのクレーマーが社長の弟さんだったなら、どうなのでしょうか。同様に高天原に危険が迫ったとして、その都度《つど》、最高神であられる天照大神が御出座《ごしゅつざ》なされなければならないのでしょうか。あらゆる事態《じたい》の解決《かいけつ》に、いちいち天照大神が直接あたらなければならないのでしょうか。高天原に素戔嗚尊がやってきたときというのが、まさにその状況です。

素戔嗚尊は、突然目の前に武装した八十神たちの軍団まで従えて出現された天照大神を見て、はじめにさぞかし驚《おどろ》かれたことでしょう。事情を説明してても聞いてもらえないだけでなく、それなら「おまえの心が清いことを証明してみせろ」とまで言われてしまうのです。やむなく誓約《うけひ》によって事実を証明してみせます、ということになるのですが、その誓約《うけひ》の結果まで、天照大神は強引に変えてしまわれています。

ここまでくれば、素戔嗚尊にも姉の天照大神が何をしようとされているのか、その理由がわかります。そもそも素戔嗚尊も、姉の天照大神同様、磤馭慮嶋《おのごろじま》をつくり、国土とそこにある草木を生んだ偉大な伊弉諾 大神《いざなぎのおほかみ》と伊弉冉 大神《いざなみのおほかみ》の子なのです。つまり国土と同じ重さ《＝大切さ》を持った偉大な神様です。ですから素戔嗚尊は、高天原において、わざわざ長期間にわたって大切な田を壊《こわ》したりして暴《あば》れまわります。その暴れる素戔嗚尊を逮捕《たいほ》し処罰《しょばつ》し、高天原に平穏をもたらすのは、誰の役目でしょうか。天照大神の役目でしょうか。そうではありません。田の直接の受益者となる八十神たちの役割です。

そしてついには、天照大神が御怪我《おけが》まで負《お》われてしまわれます。それでも八十神たちは動かない。だから天照大神はたいへんにお怒《いか》りになるのです。そして石窟《いはや》に幽《こ》もられてしまわれます。

その結果、世は暗闇《くらやみ》に閉《と》ざされるようになります。ここまできて、ようやく八十神たちが、自分たちの意思で立ち上がるのです。そしてこれを嘉《よろこび》とされたからこそ、天照大神は石窟からお出ましになられたのです。

こうして自分たちで問題解決にあたらなければならないことを学んだ八十神たちは、みんなで協議をして、素戔嗚尊を逮捕し、厳しい罰を与えて高天原から追放します。ついに自分たちの生活は、自分たちで護《まも》る、そして同時に偉大な神様である天照大神も、自分たちが意志をもってしっかりとお護《まも》りしていかなければならないことを学ぶのです。そうでなければならないのです。なぜなら素戔嗚尊を逮捕し処罰するということは、みんなの世の中のために「権力を行使する」ということです。権力には必ず責任が伴《ともな》います。しかし最高の存在が権力を行使するのであるならば、同時に最高の存在に責任を負わせることになってしまいます。それが太陽神である天照大神であるならば、世界は光を失うことになります。それで困るのは私たち自身です。高天原におけるこの権威と権力の分離は、そのまま我が国の天皇とその下にある政治権力との分離という形で現代の日本に継承《けいしょう》されています。

▼疑問①〜⑤の答え

《疑問①》素戔嗚尊が、ただ姉に会おうとしに来ただけなのに、なぜ天照大神は武装し、八十神たちまで従えて素戔嗚尊を詰問したのでしょうか。

《答え》天照大神《あまてらすおほみかみ》の御意思は、弟の素戔嗚尊《すさのをのみこと》への詰問《きつもん》にあるのではなく、本当は八十神に目覚めてもらいたいことにあった。そしてこの逸話《いつわ》を通じて、我が国は権威と権力を切り離すことの大切さを学んだ。


《疑問②》なぜ天照大神は、誓約《うけひ》の結果を言い換《か》えられたのでしょうか。

《答え》どこまでも目的が八十神に目覚めてもらうところにあったから。弟の素戔嗚尊は、それにちゃんと気付いていた。

《疑問③》天照大神は、何に対して《あるいは誰に対して》腹を立てていきどおられたのでしょうか。

《答え》表面的には素戔嗚尊の乱行《らんぎょう》に怒ったかのように見えるが、実はそうではなく、弟の素戔嗚尊がそこまでして八十神たちに権力と権威の違いに気付いてもらおうとしているのに、まだ気付こうとしない八十神たちに腹をたてていきどおられた。

《疑問④》天地が暗くなることで困るのは誰でしょうか。

《答え》高天原の八十神たちであり、また地上に暮らす我々。

《疑問⑤》天照大神は、なぜ石窟から出るという選択をなされたのでしょうか。

《答え》八十神たちが、ようやく権威と権力の違いに気付き、みずからの意思で責任ある自治を開始したことに天照大神《あまてらすおほみかみ》が好感をもたれたから。

5　簸川《ひかは》に降り立った素戔嗚尊

【あらすじ】

高天原を追放された素戔嗚尊《すさのをのみこと》は、出雲国《いづものくに》の簸川《ひかは》の川上《かはかみ》に降到《いた》ります。するとそこからさらに川上の方から啼哭《ねな》く声が聞こえてきました。その声をたずねていくと、老人《おきな》と老女《おみな》がいて、間にいる一人の少女を撫《な》でながら哭《な》いていました。素戔嗚尊が、「汝等《いましら》は誰《だれ》だ。なぜこのように哭《な》いているのか」と訊《たづ》ねると、答えて言うには「我々は国神《くにつかみ》で、私は脚摩乳《あしなづち》、この妻は手摩乳《てなづち》、この童女《をとめ》は我が子で奇稲田姫《くしいなだひめ》と申します。哭《な》いている理由は、往時《さき》に我が子は八人の娘があったのですが、毎年八岐大蛇《やまたのをろち》に呑《の》まれてしまい、今、この少童《をとめ》が、まさに呑まれようとしています。脱免《まぬがれ》る方法もなく、こうして哀傷《いた》んでいるのです」。

これを聞いた素戔嗚尊は、「それなら、その娘を私にくれ」と言いました。二人は「勅《みことのり》のままに奉《たてまつ》ります」と答えました。

(一) 簸川《ひかは》とは何か

この物語は、古事記にも同じ話が掲載されていて、物語の場所は奥出雲の鳥上盆地《現、島根県仁多郡奥出雲町》と特定されています。川もいまでは斐伊川《ひいかわ》と表記されますが、現存する川です。日本書紀はこれを「簸川《ひかは》」と書いていますが、「簸」は、穀物をふるって米を取るための鉄製の農具を意味する字です。本抄の場所となる鳥上盆地は、斐伊川の上流で鉄鉱石が採《と》れるため、大昔から「たたら製鉄」が盛んだったところです。また斐伊川は、この鉄鉱石の赤錆《あかさび》が流れるため川底が赤く、そんなところから古代の人がこの川を「赤い川＝火《ひ》の川」と呼び、これを肥川《ひかわ》とか簸川《ひかわ》と表記したわけです。ちなみに全国にある氷川神社《ひかわじんじゃ》は、この「ひ」を古代において清浄を意味した「氷」に字を変えたものです。御祭神は、もちろん八岐大蛇《やまたのをろち》退治の素戔嗚尊《すさのをのみこと》です。

(二) 老人《おきな》と老女《おみな》は、いまでいう老人夫妻ではない

鳥上の村には老人《おきな》と老女《おみな》があり、間《あいだ》にいる一人の少女を撫《な》でながら哭《な》いていたとあります。老人、老女と書いてあるので、お年寄《としよ》りと勘違《かんちが》いしやすいですが、この時代の「老」は、立派な人、偉い人を意味します。ですから老人と老女は自分たちは国つ神であると名乗っているわけです。いま風に言えば、鳥上村の村長さん夫妻といったイメージです。

脚摩乳《あしなづち》、手摩乳《てなづち》の「摩」は摩擦《まさつ》の摩で、撫《な》でたりさすったりする手作業を意味します。「乳」は、もちろんお乳の意味もありますが、そこから派生して「養《やしな》う」ことを意味する漢字です。つまり脚摩乳、手摩乳は、足でさすったり手で撫でたりして何かを養っている人たちです。

奇稲田姫《くしいなだひめ》の「奇」には「残った」という意味がありますから、奇稲田は、いま現在残った稲作用の《最後の》田んぼであることがわかります。それまでにあった姫というの

も、姫は親からみたら大切な宝ものですから、大切な稲田です。それが呑《の》まれてしまったわけです。つまり老人老女は、「毎年稲作のための大切な田が、八岐大蛇《やまたのをろち》に呑《の》まれてしまい、いま残っている田を撫《な》でさすりながら哭《な》いていた」ということが書かれているわけです。

(三)　名を名乗ることの意味とは

これを聞いた素戔嗚尊は、「それなら、その娘を私にくれ」と言います。老人老女は、「勅《みことのり》のままに奉《たてまつ》ります」と即答《そくとう》していますが、このことも説明が必要です。なにしろ目の前に突然現《あらわ》れた男は、髪《かみ》の毛を抜かれ、手足の爪まで引き抜かれるなど、あきらかに罪科《ざいか》を負った男です。その男がいきなり哭《な》いている理由を尋《たず》ねてきたと思ったら、いきなり「娘をくれ」というのです。普通なら、それで「はい、わかりました」とはならないところです。

実は古代において、身分ある高貴な人は名を名乗らないという習慣がありました。高貴な人が名を名乗るということは、下々の者に、名に応じた責任を負うということだからです。高貴な人というのは、ただ身分が高いとか地位がある、お金がある人ということではありません。地位や身分やお金を持つということは、それに応じた責任を伴うというのが、我が国の古くからの考え方です。権力や権限と責任は常にセットなのです。ですから高貴な人が名を名乗れば、下々の者は自分たちが抱える問題を当然にその責任に応じて解決してくれるものと期待します。そして期待に応《こた》えることが高貴とされる者の責任です。そしてそのことが常識となっているからこそ、素戔嗚尊が自分の名を名乗らずに「娘をくれ《田をまかせよ》」と言ったのに対し、老人老女は、素戔嗚尊を高貴で責任を果たしてくれる人と見て、「勅《みことのり》のままに奉《たてまつ》ります」と答えているのです。

6　八岐大蛇《やまたのをろち》

【あらすじ】

素戔嗚尊《すさのをのみこと》は、奇稲田姫《くしいなだひめ》を湯津爪櫛《ゆつまぐし》に変えて自分の髪に挿《さ》すと、脚摩乳《あしなづち》、手摩乳《てなづち》を使って八醞《やしほをり》の酒を醸《かも》させ、あわせてたくさんの高い舞台をつくらせました。そのひとつひとつに酒を入れた槽《さかぶね》を置いて、待ちました。

すると大蛇《をろち》が現《あらわ》れました。それは頭から尾までがそれぞれ八つに分かれ《八岐》、眼はアカカガチのようで、松や柏《かしは》の木が背中に生《は》え、八丘八谷《やをやたに》に蔓延《はえわた》っていました。大蛇《をろち》は、酒を見つけると頭を槽《さかぶね》に入れて酒を飲み、酔って寝てしまいました。

そこで素戔嗚尊は、十握剣《とつかのつるぎ》で大蛇をずたずたに切りました。すると尾を切っているときに、剣の刃が少し欠《か》けました。そこで尾を裂《さ》いてみると、中から草薙剣《くさなぎのつるぎ》が出てきました。この剣はある書によれば、天叢雲剣《あめのむらくものつるぎ》と言いましたが、日本武皇子《やまとたけるのみこと》の時代に、名を改《あらた》めて草薙剣と呼ばれるようになりました。素戔嗚尊は、「これは神《あや》しい剣《つるぎ》だから、私の手元に置いてはいけない」と述べられて、この剣を天神《あまつかみ》の御元《みもと》に献上《たてまつり》ました。

㈠ 単に八岐大蛇に酒を呑《の》ませたのではありません

物語の字面《じづら》だけを追うなら、素戔嗚尊《すさのをのみこと》は、単に酒造りを命じただけで、あとは酔いつぶれた大蛇を切り裂いただけです。けれどその奇稲田《くしいなだ》が最後に残された田んぼであり、それまでの田は「呑《の》まれた」のであり、呑んだ大蛇は背中に松や柏《かしは》の木が生《は》え、八丘八谷《やをやたに》をわたるもので、アカカガチ《赤いほおずきのこと》のように赤いというなら、これはどうみても簸川《ひかは》《いまの斐伊川》のこととわかります《=斐伊川は赤い川です》。加えて物語の舞台となっている奥出雲の鳥上盆地は、四方八方から川が流れ込む地形で、もともとは大雨が降れば、盆地が土石流《どせきりゆう》で埋《う》まってしまうという土地柄でした《いまではしっかりした堤防ができ、このような被害はありません》。「八醞《やしほをり》の酒」というのは、何度も醸造《じようぞう》を重ねた高級日本酒のことですから、要するに洪水《こうずい》対策のために堤防を築き、その堤防が土石流によって決壊《けつかい》しないように、神々に良質なお酒を捧《ささ》げたということが書かれているわけです。大雨が降った後、大きな河川の堤防すれすれに土石流が流れ、堤防がいまにも決壊しそうになった現場を一度でも見たことがある方ならわかると思いますが、氾濫《はんらん》しそうな川は、まるで巨大な大蛇のようであり、堤防が決壊すれば、何もかもがその大蛇に呑まれてしまうのです。

ちなみに堤防は、ただ土を盛《も》ればそれで出来上がるというものではありません。海辺などで砂山を作って、その山がたった一度の波で跡形《あとかた》もなくなってしまった経験をお持ちの方も多いと思います。河川の洪水時《こうずい》の土石流《どせきりゅう》の勢いは、そんな波よりもはるかに強い力です。ですから堤防は、石や砂、土などを様々に組み合わせることで、いざ土石流が流れてきても強度が保《たも》てるように築《きず》かなければなりません。技術が必要なのです。つまり高天原から天降《あも》られた素戔嗚尊《すさのをのみこと》は、それだけの技術を持った神様であったということです。

(二) 草薙剣《くさなぎのつるぎ》の意味するものとは

この結果、蛇の尻尾《しっぽ》、つまり事態の収束後《しゅうそくご》に草薙剣が誕生しています。たたら製鉄では、高級鉄材としての「玉鋼《たまはがね》」を得ることができますが、この鉄は硬いだけではなくて軟度《なんど》もあり、また錆《さ》びにくいという特徴があることから、高級日本刀の材料として用いられてきた鉄です。もともと鳥上村はたたら製鉄の本場であることからすれば、洪水対策を行い、食料を得るための田畑の安全が図られるようになった鳥上村の人々が、最高の剣《つるぎ》を素戔嗚尊《すさのをのみこと》に感謝の気持ちを持って献上《けんじょう》したのです。大昔は人の世界と神々の世界はとても近かったということが大日孁貴《おほひるめのむち》のところに書かれていましたが、日本書紀は草薙剣《別名・天叢雲剣》は、もともとは人が造ったものと書いているわけです。

河川の氾濫《はんらん》が克服されれば、食料の生産は安定し増産になります。素戔嗚尊は、その増産された作物《さくもつ》と献上された剣《つるぎ》を高天原に納《おさ》めます。

(三)　悪役を演じて世界を救った素戔嗚尊《すさのをのみこと》の偉大さ

素戔嗚尊《すさのをのみこと》が、ただ酔っ払った大蛇を切り捨てたというだけなら、そこに尊敬は生まれません。そうではなくて、黙って天照大神の意を察し、あえて悪役を演じることで高天原の神々の目を覚まさせ、天上界の権威と、責任を伴う政治権力との分離に大きな役割を果たしながら、目覚めた八十神たちによって着せられた罪にも黙って服《ふく》し、地上に放逐《ほうちく》されても、人々の困窮《こんきゅう》を見て、一心に困っている人たちのために働き、ちゃんと罰金も精算された。まさに男の鑑《かがみ》ともいえる神様だからこそ、偉大な神様として、そして男子《だんし》の鑑《かがみ》として、古代から現代に至るまで、人々の尊敬を集め続けて来たのです。素《す》戔嗚尊《さのをのみこと》をお祀《まつ》りする神社に参拝することは、もちろん御利益《ごりやく》を願うこともあるでしょうが、たとえ不器用《ぶきよう》であっても、どこまでも人として誠実をつらぬく決意を新たにすることを意味します。そのための覚悟を定めるところが、素戔嗚尊《すさのをのみこと》を御祭神《ごさいしん》とする神社といえるかもしれません。

コラム　災害対策国家としての日本

海外の大都市に行きますと、まさに摩天楼が林立している風景を目にします。すごいなあと感心しますが、日本は海外の大都市と比べると、なるほど超高層ビルが意外と少ない。それもそのはず、日本は地震大国だからです。このことは古代においても同じで、たとえば塔《とう》建築として有名なものに法隆寺の五重塔があります。五階建てのこの建物は、世界遺産にも登録された世界最古の木造建築物で１４００年の歴史を持ちます。戦国時代に建てられたお城などでも、四階建て、五階建てのお城が築かれています。けれど市中の建物は、江戸時代まで、全国どこでも皆二階建て止まりでした。理由は明確で、火災発生時に、延焼《えんしょう》を防ぐために建物を意図して倒壊させるからです。道路幅の範囲で建物が倒れてくれないと、道の向かい側の家を壊してしまいます。ですからあくまで道幅に合った階層の建物しか建ててはいけないとされてきたのです。ではどうして火災に弱い木造住宅を中心にしてきたのでしょうか。最初から石造りやレンガ造りにしておけば、火災が起きても大丈夫なはずです。実はこれにも理由があります。頻繁《ひんぱん》に地震が起き、ときに大水が出て土石流に家屋を流される危険と隣合《となりあ》わせの日本では、石造りやレンガ造りで家を建てると、災害後の瓦礫《がれき》の撤去《てっきょ》が困難になるのです。木造ならば、燃やしてしまえば灰になるし、燃えカスは炭として燃料に用いることができます。けれど石造りの家ですと、大規模な被災があったとき、現場の瓦礫の撤去が間に合わないのです。ちなみにこの瓦礫の撤去の際に、一緒に撤去作業を行う子たちや、婦女たちが怪我をしないように、一般住宅の建築においても釘《くぎ》を使わないのが、ほんの少し前までの日本建築の常識でした。釘があると、瓦礫の撤去の際に、釘を踏んで怪我をする危険があるからです。

災害が起こるのは、そういう国土なのだから仕方がない。けれどいつ災害が起きても絶対に困らないように日頃から備えておく。どんなにたいへんな状況にあったとしても、すぐに人々の力で復興ができるように、日頃から備えを万全にしておく。それが日本の知恵であったわけです。そして素戔嗚尊《すさのをのみこと》と八岐大蛇《やまたのをろち》の神話は、どんな災害が起きても、勇気を持って立ち上がることを私達に教えてくれています。

第二章

稲作と産業育成、そして自立自存〜葦原中国の時代

縄文時代は狩猟採集生活が中心であったとはよく知られたことですが、狩猟採集によって得られる食べ物は、新鮮で美味《おい》しいものではあるけれど、それらは長期の食料備蓄ができません。一方、稲作は、水田の開発から田植え、草取り、虫取り、稲刈りとたいへんな農作業を伴う代わりに、できたお米は、常温で軽く四〜五年の長期の保存が可能です。災害の多い日本において、冷蔵庫がなかった時代にそのことがどれだけ貴重なこととされてきたのか。そんなことを思いながらこの章をお読みいただければと思います。

葦原中国はなぜ平定されようとしたのか　日本書紀巻二・一

本書は日本書紀の本編を中心に物語とその解説をしていますが、この章のみ日本書紀内の「一書曰《あるふみにいはく》」と書かれた別伝《これもまた日本書紀の中に書かれているものです》を元に物語をご紹介します。というのは、瓊瓊杵尊《ににぎのみこと》が高天原から地上に降臨《こうりん》されようとする際に、天照大神《あまてらすおほみかみ》から賜《たまわ》ったとされる「三大神勅《さんだいしんちょく》」は、本編の中にあるものではなく、この「一書曰《あるふみにいはく》」の中に書かれている物語だからです。

「三大神勅」というのは、

・天壌無窮《てんじょうむきゅう》の神勅《しんちょく》

・宝鏡奉斎《ほうきょうほうさい》の神勅《しんちょく》
・斎庭稲穂《ゆにはのいなほ》の神勅《しんちょく》
の三つです。

1　瓊瓊杵尊《ににぎのみこと》誕生

【あらすじ】

天照大神は、子の正哉吾勝勝速日天忍穂耳尊《まさかあかつかちはやひのあめのおしほみみのみこと》と、思兼神《おもいかねのかみ》の妹の万幡豊秋津媛《よろずのはたのとよあきつひめの》命《みこと》とを結婚させて、葦原中国《あしはらのなかつくに》に降《おろ》ろそうとされました。ところが勝速日天忍穂耳《かちはやひのあめのおしほみみの》尊《みこと》は、天浮橋《あめのうきはし》に立って下界を見下《みおろ》し、「下界は騒がしく不須也頗傾《いな、かぶきし》　凶目杵《しこめき》国である」と、還《かへ》ってきてしまわれました。そこで天照大神は、武甕槌神《たけみかづちのかみ》と経津主神《ふつぬしのかみ》を、先に中《なかつ》国《くに》に遣《つか》わされました。

二神は出雲に降至《あまくだ》ると、大己貴神《おほなむちのかみ》に、
「汝《いまし》はこの国を天神《あまつかみ》に奉《たてまつ》るか」と問いました。大己貴神《おほなむちのかみ》は、

「吾《わ》が児《こ》の事代主《ことしろぬし》が、鳥を狩りしに三津崎《みつのさき》に行っているので、いま問い合わせて回答します」と述べ、事代主神《ことしろぬしのかみ》が「天神《あまつかみ》の求《もと》めをどうして断れましょうか」と答えたので、大己貴神《おほなむちのかみ》は、その通りに二神に返事を伝えました。

二神はすぐに天に昇り、

「葦原中国の神々は皆、従いました」と復命《かへりごと》しました。

ところが天照大神がいよいよ天忍穂耳尊《あめのおしほみみのみこと》を天降《あまくだ》らせようとするとき、皇孫《すめみま》の天津彦《あまつひこ》彦火瓊瓊杵尊《ひこほのににぎのみこと》が生まれました。そこで「この児《こ》を天忍穂耳尊《あめのおしほみみのみこと》の代わりに降《くだ》そう」ということになりました。

(一) 天下を治める者と平定する者は違う

高天原から中つ国への降臨は、はじめは天忍穂耳尊《あめのおしほみみのみこと》と、万幡豊秋津媛命《よろずのはたのとよあきつひめのみこと》のご夫婦の予定であったと書かれています。忍穂耳《おしほみみ》というのは、「忍」が刃《やいば》の下の心臓で、「穂」が稲穂、「耳」は「作物のみみなりに稔《みの》ったさま」ですから、どんな艱難辛苦《かんなんしんく》があっても、常に豊作をもたらすことを意味する御神名です。妻の万幡豊秋津は、「豊作を意味する旗《幡》が幾万と秋津島《あきつしま》にひるがえる《秋津島は日本のこと》ですから、いずれも万年豊作を意味する、たいへんにおめでたいお名前です。天照大神の中つ国への思いがわかろうというものです。

ところが下界《げかい》が騒々《そうぞう》しい。そこで先に武甕槌神《たけみかづちのかみ》と経津主神《ふつぬしのかみ》が中つ国《なかつくに》に派遣されることになります。武甕槌神は有名な武神ですが、経津主神《ふつぬしのかみ》というのは、「経」の旧字が經で、タテ糸を通すという意味があり、「津」は水辺の船着き場、そこの主ということですから、天界と地上界を行き来する船主《ふなぬし》の神様といった意味になります《異説もあります》。

このことが意味していることは、「万年の豊作のために地上界にトップとして降臨《こうりん》される神様」と、「荒れている地上界を制圧する神様」は異なるということです。トップには人格者が望ましいけれど、荒れた世間には、荒れて歪んだ世の中を正して竹のように真っ直ぐにする武《たけ》る武神《ぶしん》が必要だということです。

ちなみにこれは《社》新しい歴史教科書をつくる会の日本史検定講座での佐波優子先生の講義で知ったことですが、佐波さんがある方から「あなたは武器と凶器の違いがわかりますか？」と聞かれたのだそうです。その方が言うには、「凶器は普段はコップとか花瓶《かびん》とか果物《くだもの》ナイフなどのように別な用途に使われるものでありながら、非常時に人を殺傷《さっしょう》するために用いられてしまったもの、武器は最初から人を殺傷するために造られたものという違いがある。だから武器を常用する軍隊は人を殺傷するためのものであって、存在してはならないものなのだ」というのだそうです。けれど武器は人を殺傷する者や、荒ぶる者から人々を護《まも》るためのものでもあります。これが我が国の古来から続く武道や軍に対する考え方です。人々が豊かに安心して安全に暮らすことができるように、武があります。武道もそのためのものです。我が国における武は、あくまで歪《ゆが》んだものを竹のように真っ直ぐにするものなのです。

(二) 天津彦彦火瓊瓊杵尊《あまつひこひこほのににぎのみこと》の意味するもの

天忍穂耳尊《あめのおしほみみのみこと》は天照大神の子です。そして天津彦彦火瓊瓊杵尊《あまつひこひこほのににぎのみこと》は天忍穂耳尊の子です。したがって天照大神からすると孫にあたります。これを「天孫《てんそん》」と言います。「瓊《に》」という字は「玉のように美しい」ことを意味する字で、「杵《ぎ》」は稲の脱穀《だっこく》をする際に用いられる農具のこと、「天津彦《あまつひこ》」は、天照大神の直系の男子、「彦火瓊《ひこほのに》」は、彦が美しい男子で、火瓊がその修飾ですから、「火のように照り輝き玉のように美しく輝く男子」という意味になります。合わせると、「天照大神の直系であって火のように照り輝き玉のように美しく輝く男子で、玉のように輝く農具を意味する偉大な神様」といった意味になります。

そうすると、はじめの二神《天忍穂耳尊・万幡豊秋津媛命》が農業を意味する御神名なのに、実際に地上に降臨されたのは「見た目がうるわしいだけの神様なの?」という疑問が残ってしまいます。そこで物語は三大神勅に移行するわけです。

㈢　連帯責任

親である天忍穂耳尊《あめのおしほみみのみこと》・万幡豊秋津媛命《よろずのはたのとよあきつひめのみこと》の夫妻に代わって、子の瓊瓊杵尊《ににぎのみこと》が下界に降臨することが明らかにされています。これは古来からある我が国の伝統的な考え方で、「仕事は家が請《う》けるもの」とされてきました。ですから仕事をするのは夫であっても、俸禄《ほうろく》《いまでいう給料》は家に支払われるものとされてきました。また親が請けた仕事を子が果たす場合、親は子の仕事の結果について連帯して責任を負います。家として請《う》けているのですから当然です。職務を果たす子にとっては、自分の失敗は親の失敗ともなり責任は親子双方が共に負担《ふたん》するのですからたいへんです。何がなんでも職務を果たさなければならない。さらには親子の失敗は家族全員を路頭《ろとう》に迷わせることにもなりますから、断じて成功させなければならない。責任は「果たすもの」という我が国の伝統は、このようにして育《はぐく》まれてきたのです。

(四)　親に代わって意思決定をした事代主神

右のことと、大己貴神《おほなむちのかみ》が、子の事代主神《ことしろぬしのかみ》に意思決定を委ねたことは対《つい》になる考え方です。大己貴神《おほなむちのかみ》は古事記でいう大国主神《おほくにぬしのかみ》で、地上界の大王です。そして大王は、大王単独で国を治めているのではなくて、大王の家として国を治めています。したがって大王が、跡取《あとと》り息子に意見を聞くのもまた当然のことということになります。ところがここで子の事代主神は、大王家にとって不利益な意思決定をしています。理由は「天照大神の御意向に逆《さか》らってはいけない」からです。けれどこのことは大己貴神の一族にとって、あるいはその国の行政に携《たずさ》わるすべての官僚にとって、不利益なことです。なぜなら、いまでいえば、会社を人に渡してしまうようなものだからです。そのような意思決定を、大王みずからが行ったということになれば、人の恨《うら》みは大王に集中してしまいます。けれど息子が意思決定を行ったというのであれば、大王は安泰で、息子に怨嗟《えんさ》が集中します。つまり事代主《ことしろぬし》は「泥《どろ》をかぶった」のです。

商売をするのに、人の泥をかぶるということは、つらいことです。けれどそれを率《そっ》先《せん》して行った事代主は、実に立派だということ、そして事代主《ことしろぬし》は、このとき三津崎《みつのさき》で狩りをしていたということから、後に「えびす様」として、多くの人々の信仰を集めています。えびす様は、ニコニコと笑いながら釣《つ》り竿《さお》とタイを手にしておいでですが、あれはタイが釣れたからうれしそうにしているのではなくて、どんなにつらい思いをして心が泣いていても、顔は笑っているというお姿です。だからえびす様は釣りの神様ではなくて、商売の神様とされてきたのです。

瓊瓊杵尊のもたらしたものとは

日本書紀巻二・二

この章では、ご皇室《こうしつ》ゆかりの三種《さんしゅ》の神器《じんき》、瓊瓊杵尊《ににぎのみこと》と同行して降臨した五部神《いつとものかみ》、猿《さる》田彦《たひこ》と天鈿女《あめのうずめ》の出会いと結婚、そして三大神勅である天壌無窮《てんじょうむきゅう》の神勅《しんちょく》、宝鏡奉斎《ほうきょうほうさい》の神勅《しんちょく》、斎庭稲穂《ゆにはのいなほ》の神勅《しんちょく》を扱います。どれも現代日本にまでつながるとても大切なお話です。

1　三種の神器《じんき》と天壌無窮《てんじょうむきゅう》の神勅《しんちょく》

【あらすじ】

天照大神《あまてらすおほみかみ》は、瓊瓊杵尊《ににぎのみこと》に、

八坂瓊曲玉《やさかのまがたま》

八咫鏡《やたのかがみ》

草薙剣《くさなぎのつるぎ》

の三種の宝物を賜《たま》わりました。また、

中臣《なかとみ》の上祖《とほつおや》の天児屋命《あめのこやねのみこと》

忌部《いみべ》の上祖《とほつおや》の太玉命《ふとたまのみこと》

猿女《さるめ》の上祖《とほつおや》の天鈿女命《あめのうずめのみこと》

鏡作《かがみつく》りの上祖《とほつおや》の石凝姥命《いしこりどめのみこと》

玉作《たますり》の上祖《とほつおや》の玉屋命《たまのやのみこと》

の五部神《いつとものかみ》たちを配《そ》えて侍《はべら》しめると、皇孫《すめみま》に次のように勅《みことのり》されました。

「葦原《あしはら》の千五百秋《ちいほあき》の瑞穂国《みづほのくに》は、
是《こ》れ、吾《あ》が子孫《うみのこ》の王《きみ》たる可《べき》地なり。
爾皇孫《いましすめみま》、就《い》でまして治《しら》せ。行矣《いきくませ》。
宝祚《あまつひつぎ》の隆《さか》えまさむこと、
当《まさ》に天壌《あめつち》と窮《きはま》り無《な》けむ。」

(一)　三種の神器《じんき》

三種の神器《じんき》は、天孫降臨《てんそんこうりん》に際して、天照大神《あまてらすおほみかみ》から瓊瓊杵尊《ににぎのみこと》に渡された三つの宝物のことです。神界の神々は永遠の御存在ですが、地上に降臨して身《み》を持てば寿命《じゅみょう》があるわけで、したがって、この宝物を代々受け継ぐ者が、天照大神《あまてらすおほみかみ》から与えられた使命を受け継ぐ証《あかし》になります。

その三種の神器は、三つの宝物によって成り立ちます。それが

八坂瓊曲玉《やさかのまがたま》
八咫鏡《やたのかがみ》
草薙剣《くさなぎのつるぎ》
です。

①八坂瓊曲玉《やさかのまがたま》

曲玉《まがたま》は勾玉《まがたま》とも書かれますが、ご存じの通り胎児《たいじ》のような形をした宝玉《ほうぎょく》です。なぜ胎児のような形をしているかには諸説ありますが、古事記には天地創造のはじめに成《な》られた神々が、誕生とともにその御存在のすべてを胎内に入れたという記述があります。これを「隠身《かくりみ》」といいます。隠れていなくなったのではありません。「隠」という字は幾重《いくえ》にも覆《おお》うことを言いますから、幾重にも覆って大切に胎内にとり入れられたということです。つまりこの世は創生の神々の胎内にある世界なのだというのが、古事記の記述です。

たとえば最初の神様は天之《あめの》御中主神《みなかのぬしのかみ》ですが、この神様は何もない高天原《たかあまのはら》にご出現されて、すべてを隠身《かくりみ》されたとあります。何もないところにご出現されたということは、「存在のすべて」であるという意味です。その存在のすべてがいわば広大な時空間《高》の中の天《あめ》の間《ま》《天《あま》＝「あめ」と「あま」は異なっていて、「あめ」はすべてを意味し、「あま」はその中の四角く区切った間《ま》のことをいいます》にご出現され、その存在のすべてを胎児《赤ちゃん》として胎内に「隠身《かくりみ》」されたわけです。ですから日の丸《四角く区切った空間》を意味する四角い白地で、その真ん中に赤い丸があります。「曲玉《まがたま》」もまた、その胎児《赤ちゃん》を象形化したものだというわけです《日の丸の由来には他にも異説がありますが省略します》。

その曲玉を「瓊」という字で形容しています。「瓊」の意味はすでにご案内しましたように「玉のように美しい」ことを意味する字です。「八坂《やさか》」は、「八」が数え切れないくらいたくさんという意味で、「坂」は坂道の意味もありますが、もともとは手で土を固めた土手《どて》の象形です。土手は水害から田畑を護るために築かれるものです。また読みの「やさか」は「弥栄」と同じ意味で「永遠に栄える」ことを意味します。したがって「八坂瓊曲玉《やさかのまがたま》」は、意訳すれば「人々の暮らしの食を護《まも》る美しく輝く土手となって、神々の胎児であるこの世界が永遠に続くように護《まも》る美しく輝く宝玉」といった意味になります。

②八咫鏡《やたのかがみ》

「八咫鏡《やたのかがみ》」は、直径およそ十六センチほどの鏡という意味です。鏡は自《みずか》らの姿を映《うつ》すものですが、これについては後述する宝鏡奉斎《ほうきょうほうさい》の神勅《しんちょく》のところで詳しく述べます。

③草薙剣《くさなぎのつるぎ》

草薙剣《くさなぎのつるぎ》は、素戔嗚尊《すさのをのみこと》が八岐大蛇《やまたのをろち》を倒した後に天照大神《あまてらすおほみかみ》に献上《けんじょう》したとされる剣《つるぎ》です。もともとの名前が天叢雲剣《あめのむらくものつるぎ》で、叢雲《むらくも》は、集まり群《むら》がった雲のこと、剣《つるぎ》は不条理《ふじょうり》を正《ただ》すものですから、農業に不可欠《ふかけつ》な雨を降らせて、干ばつから人々を救う剣といった意味になります。また農作物を育てる際には雑草を刈《か》らなければなりません。草薙剣の名前の直接の由来は日本武尊《やまとたけるのみこと》が焼津《やいず》で草を薙《な》ぎ払ったことに依拠《いきょ》しますが、その名が用いられている理由は、やはり農作業に関連する意味を込めたからです。

(二)　治《しら》せという言葉の重さ

この三つの神器《じんき》が、天孫降臨《てんそんこうりん》に際して天照大神《あまてらすおほみかみ》から瓊瓊杵尊《ににぎのみこと》に渡されます。このとき天照大神《あまてらすおほみかみ》は「爾皇孫《いましすめみま》、就《い》でまして治《しら》せ」と勅《みことのり》されています《原文：宜爾皇孫就而治焉》。「治《しら》せ」の「治」は「氵＋ム＋口」でできていますが、「ム」が農具、「口」が田畑、「氵」が水ですから、水辺で農作業をすることを意味する字です。つまり「治《しら》せ」は、「農作業をする人を大切にせよ」という意味になります。ちなみに古事記はこの「しらせ」を「知らせ」と書いており、こちらは神々とつながることを意味します。両方の意味を合わせれば、「農作業をしている人々を神々とつながる大切な国の宝としていきなさい」という意味になります。古来より農業を国の宝としてきたのが日本です。なぜなら人は食べなければ生きていくことができないからです。「しらせ」という言葉の重さは、失ってはならないことであると思います。

(三) 瓊瓊杵尊《ににぎのみこと》に同行を命ぜられた五部神《いつとものかみ》

天照大神《あまてらすおほみかみ》は、次の五柱の神々に瓊瓊杵尊《ににぎのみこと》に同行を命じて地上に行くようにと命ぜられました。

中臣《なかとみ》の上祖《とほつおや》の天児屋命《あめのこやねのみこと》
忌部《いみべ》の上祖《とほつおや》の太玉命《ふとたまのみこと》
猿女《さるめ》の上祖《とほつおや》の天鈿女命《あめのうずめのみこと》
鏡作《かがみつく》りの上祖《とほつおや》の石凝姥命《いしこりどめのみこと》
玉作《たますり》の上祖《とほつおや》の玉屋命《たまのやのみこと》

上祖《とほつおや》というのは祖先のことですが、この五柱の神々のお名前を見ると、

天児屋＝家を建てる大工
太玉　＝曲玉などの加工や造作

猿女　＝神々とつながる
鏡作　＝石や金属の加工
玉作　＝繊維製品の加工

などを意味しています。つまり産業振興であり、その真ん中に神々とつながるお役目の猿女＝天鈿女《あめのうずめ》を配置しています。猿女の読みは、「サの女《め》」から来ていて、「サ」は古語でお米を意味します。ですから「サクラ」といえば「サ《お米》の倉」、「さなえ（早苗）」といえば「稲の苗《なえ》」のことです。つまり「サの女《め》」は、農業と神々をつなぐ大切なお役目の神様ということになります。そしてそのお役目は、もともと天照大神《あまてらすおほみかみ》と他の神々をつなぐ役割の女性神、天鈿女《あめのうずめ》神が担《にな》われたわけです。その猿女《さるめ》が五柱の神々の真ん中にいて、その両側に大工さんや様々な加工業を司《つかさ》どる神々が配置されています。

ちなみに「玉作」を繊維製品加工と意訳させていただきましたが、「玉」という字は宝玉に糸を手で通す象形で、ここでは繊維製品を作る神として描かれているものと思われます。そうではなく宝玉つくりの神様だという論もありますが、宝玉については太《ふと》玉命《だまのみこと》が既に任命《にんめい》されていますので、ここではむしろ生活に欠かせない繊維製品つくりととらえた方が意味が通りやすいかと思います《もちろん他の説を否定するものではありません》。

(四) 天壌無窮《てんじょうむきゅう》の神勅《しんちょく》

瓊瓊杵尊《ににぎのみこと》と五部神《いつとものかみ》の任命を終えると、天照大神《あまてらすおほみかみ》は、「葦原《あしはら》の千五百秋《ちいほあき》の瑞穂国《みづほのくに》は、是《こ》れ、吾《あ》が子孫《うみのこ》の王《きみ》たる可《べき》地なり。爾皇孫《いましすめみま》、就《い》でまして治《しら》せ。行矣《いきくませ》、宝祚《あまつひつぎ》の隆《さか》えまさむこと、当《まさ》に天壌《あめつち》と窮《きはま》り無《な》けむ《原文：「葦原千五百秋之瑞穂国是吾子孫可王之地也。宜爾皇孫就而治焉。行矣宝祚之隆当与天壌無窮者矣》」と述べられています。これが「天壌無窮《てんじょうむきゅう》の神勅《しんちょく》」で、後に述べる「宝鏡奉斎《ほうきょうほうさい》の神勅」、「斎庭稲穂《ゆにはのいなほ》の神勅」と並んで「三大神勅《さんだいしんちょく》」と呼ばれています。

「治《し》らせ」というのは、農作業をする民衆を大切にするという意味、「壌」は土壌《どじょう》と書くように、地面のことですから、この全文を意訳しますと次のようになります。

「葦がたくさん生えていて、いつまでも人々にとっての収穫の秋、稔《みの》りの秋が続き、稔った稲穂が輝《かがや》く《瑞》この国は、天照大神《あまてらすおほみかみ》の子孫が王《きみ》となるべき国です。美しい皇孫《すめみま》よ、行って王位に就《つ》きなさい。さあ行きなさい。あなたと、その国の民衆は、天地《あめつち》が存在するのと同じように永遠に栄えていくことでしょう。」

つまり、農業と技術振興、そして常に神々とのつながりを忘れないことによって、人々は天皇とともに未来永劫栄えていくのですと天照大神《あまてらすおほみかみ》は仰《おお》せになられたのです。たいへんにありがたいことと思います。

2　天鈿女《あめのうずめ》と猿田彦《さるたひこ》

【あらすじ】

さて瓊瓊杵尊《ににぎのみこと》がいよいよ地上に降臨しようとされるとき、事前に様子を見に行ったものが還《かえ》ってきていうには、

「天八達之衢《あめのやちまた》に一柱の神が居《い》ます。鼻の長さが七咫《ななあた》あり、背丈《せたけ》が七尺《ななさか》あまり、口の端は

明るく耀《て》り、目は八咫鏡《やたのかがみ》のように光り輝き、まるで赤いホオズキのようです。一緒にいた神たちはみんなおびえてしまって、どういう神様か聞くことさえできません」といいます。そこで天鈿女《あめのうずめ》に、

「汝《いまし》は、見た相手に勝ってしまう者《かみ》だから、往《い》って問うてきなさい」と命じました。

天鈿女《あめのうずめ》は、胸乳《むなち》を露《あらわ》にし、裳の帯を臍《ほぞ》の下にして、咲《わら》いながらその神に向かって尋《たず》ねました。するとその神は、

「吾《わ》が名は猿田彦大神《さるたひこのおほかみ》で、天照大神《あまてらすおほみかみ》の子《みこ》が降行《いで》まされると聞いてお迎えにあがろうと、こうして待っていたのです」と答えました。

また天鈿女《あめのうずめ》は、

「お前はどこに行こうとしているのか。皇孫《すめみま》はどこに到《いた》るか」と問いました。

するとも猿田彦大神は、

「天神《あまつかみ》の子は、筑紫《つくし》の日向《ひむか》の高千穂《たかちほ》の槵觸之峰《くしふるのたけ》にご案内します。吾《われ》は伊勢の狭長田《さなだ》の五十鈴《いすず》の川上に行きます」と答えました。これを聞いた天鈿女は、戻って報状《かへりごと》をしました。

こうして皇孫《すめみま》は天磐座《あめのいわくら》から脱離《おしはな》され、天八重雲《あめのやへのくも》を排《お》し分けて、幾つもの別れ道を通って天降《あまくだ》りました。そして猿田彦大神の案内のもと筑紫の日向の高千穂の槵觸之峰《くしふるのたけ》に降臨されました。猿田彦大神は、そのあと伊勢の狭長田《さなだ》の五十鈴《いすず》の川上に到《いた》り、天鈿女命《あめのうずめのみこと》もこれに同行しました。

皇孫《すめみま》は天鈿女命《あめのうずめのみこと》に、

「汝《いまし》は、猿田彦の名を姓氏《うじ》にせよ」と勅《みことのり》されました。これが猿女君《さるめのきみ》が男女ともに猿女君《さるめのきみ》と呼ばれるようになった理由です。

(一)　猿田彦《さるたひこ》と天鈿女《あめのうずめ》

猿田彦というと、とにかく鼻の大きな神様というイメージがありますが、実際本文には「鼻の長さが七咫《ななあた》」と書かれています。この場合の七咫《ななあた》は、およそ十四センチくらいで、なるほど鼻が高い神様です。背丈《せたけ》の七尺《ななさか》というのは、身長二メートルということですから、昔の日本人の平均身長は、男性でも百五十センチ程度でしたので、相当巨大な神様であると描写されているわけです。だから高天原の男性の神々は怖《こわ》くて口をきくこともできない。ちなみに「猿田《さるた》」は「猿女《さるめ》」と同じく当て字であって、もともとは「サの田」であったという説があります。

猿田毘古大神

さて、その猿田彦神が、あまりにおそろしげであることから、女性神である天鈿女《あめのうずめ》が「往《い》け」と言われるのですが、その理由が、「おまえは目の前にいるどんな相手にも勝ってしまう者《かみ》だから」というのです。女性がどんな相手にでも勝ってしまうというのは、暴力を前提とした社会ではあり得ないことです。戦いを好まず平和を愛する日本だからの発想といえます。実際、口喧嘩では男性は女性に敵《かな》いません。

天鈿女《あめのうずめ》は、「胸乳《むなち》を露《あらわ》にし、裳の帯を臍《ほぞ》の下にして」猿田彦に会いに行った《原文：天鈿女乃露其胸乳抑裳帯於臍下》とあり、このことから天鈿女が半裸で猿田彦に迫っていったのだと解説をしているものがありますが、少し意味が違います。神々の世界は、いわば霊界のようなもので、それぞれの神様には実態《肉体＝身》がありません。これに対し国つ神には地上の中つ国の神様ですから、肉体《＝身》があります。ですからここでは天鈿女《あめのうずめ》は、相手に見えるように肉体《＝身》を表《あらわ》せて猿田彦の前に出た、という意味になります。女神の姿といえば、ミロのビーナス像が有名ですが、要するにあの像に近いお姿で実体化されたのだ、ということです。そんな天鈿女《あめのうずめ》の姿がエッチだというのは、ミロのビーナスをエッチだというようなもので、そういう考え方をすることを下品《げひん》と言います。

また「裳の帯を臍《ほぞ》の下にした」というのは、袴《はかま》《裳》の腰紐をおヘソの下にしたということです。こうして天鈿女《あめのうずめ》は、猿田彦から必要なことをちゃんと聞き出して、これを報状《かへりごと》しています。

(二) 大切な「かへりごと」

「報状《かへりごと》」は、別な漢字が使われることもありますが、関係者一同がそろっている席で、顔を合わせて報告することを言います。報告は人を介《かい》したり、あるいは手紙や文書《近年ならメールなど》でもすることができますが、そうではなく、関係者全員が集まっている席で、オフィシャルな報告をすることを、報告と区別して「かへりごと」と言います。本書では紙面の都合で、天穂日命《あめのほひのみこと》や天稚彦《あめのわかひこ》が登場して、葦原中国《あしはらのなかつくに》を平定するまでの苦労話を省《はぶ》きましたが、実は、その段において重要な意味を持つのが、まさに「かへりごと」です。天穂日命《あめのほひのみこと》や天稚彦《あめのわかひこ》は、その優秀さを見込まれて高天原から中つ国の平定のために派遣されていますが、二神とも実は誠実に職務を遂行しようと中つ国で努力を重ねておいでだったのに、高天原から疑われてしまうのです。理由は「かへりごと」をしなかったためです。逐次《ちくじ》報告はしていたのです。けれどそれは人を介《かい》したものでした。そうなると報告は一部の神様のところにしか行《おこ》なわれず、他の関係する神々は、二神が地上でどのような努力をしているのか、まったくわからない。そういう状況下で悪い噂が出ると、報告を聞いていない関係者たちは、《関係者ということは責任を共有しているということですから》みんな不安になるし心配になって、結局、本人が「あいつで大丈夫なのか」と疑われることになってしまうのです。いまでも企業などにおいて、抜群の営業成績があるのに会社の上層部からまったく評価されないという人がたくさんおいでになります。多くの場合、外での仕事が忙しくて、それに集中するあまり、関連する上席者たちに「かへりごと」がされていないケースです。このためわずかなミスで更迭《こうてつ》の憂《う》き目にあったり、出世が遅れたりしてしまうことは、現実によくあることです。

これに対し、天鈿女《あめのうずめ》は、ちゃんと顔を見せて「かへりごと」をしています。実に見上げたものということができます。

㈢　女性が結婚して姓がかわる事始《ことはじ》め

天鈿女《あめのうずめ》は、猿田彦《さるたひこ》の意向《いこう》をはじめに直接聴《き》いた者として、最後までその責任をまっとうします。それが猿田彦が帰った伊勢まで、付いて行ったという描写《びょうしゃ》になっています。そしてこのことに好感をした瓊瓊杵尊は、天鈿女《あめのうずめ》に猿田彦との結婚を奨《すす》め、二人は晴れて夫婦《めをと》になられます。

この結婚で、天鈿女《あめのうずめ》は猿女君《さるめのきみ》と姓がかわります。これが我が国において、女性が結婚によって夫の姓を名乗るようになった事始《ことはじ》めです。以来、何千年ものあいだ、我が国ではこの伝統が守られ続けてきています。

また猿女君の舞は、そのまま神々の舞としてのお神楽《かぐら》となり、また民間芸能としての猿楽《さるがく》となりました。その猿楽から室町時代に分かれて生まれたのがお能《のう》、戦国末期に出《いず》雲阿国《ものおくに》によって広まった猿楽が、後に歌舞伎《かぶき》と呼ばれるようになっていまに至《いた》っています。

一方、「サ」の神様である夫の猿田彦の舞は、田楽《でんがく》となりました。田楽は田植えのときに、女性たちが苗を植え、それを田の周りで男達がお囃子《はやし》をして唄《うた》ったり踊《おど》ったりしますが、それは「サ《＝稲》」の舞が男性である猿田彦神に由来するからです。歴史は神話の時代からつながっているのです。

3　宝鏡奉斎《ほうきょうほうさい》の神勅《しんちょく》と斎庭稲穂《ゆにはのいなほ》の神勅《しんちょく》

【あらすじ】

　このとき天照大神は、手にしていた宝鏡《たからのかがみ》を天忍穂耳尊《あめのおしほみみのみこと》に授けて祝って次のように言われました。

「わが子よ、この宝鏡を視《み》ることは
まさに吾《あ》《＝天照大神》を見るのと同じにしなさい。
お前の住まいと同じ床に安置し、お前の住む宮殿に安置し、
祭祀をなすときの神鏡にしなさい。」

また天児屋命《あめのこやねのみこと》と太玉命《ふとだまのみこと》に、
「お前たち二柱の神は、宮殿で天忍穂耳尊《あめのおしほみみのみこと》を善《よ》く護《まも》りなさい。」

そして勅《みことのり》されました。

「吾が高天原に作る神聖な田の稲穂をわが子に授けましょう。」

宝鏡奉斎《ほうきょうほうさい》の神勅《しんちょく》と斎庭稲穂《ゆにはのいなほ》の神勅《しんちょく》の二つは、前抄までにあった「一書《あるふみ》」ではなく、また別な「一書《あるふみ》」に書かれていることです。こちらの書では、はじめに天照大神《あまてらすおほみかみ》が、子の天忍穂耳尊《あめのおしほみみのみこと》に先ずこの二つの神勅《しんちょく》を行い、さていよいよ地上に向けて出発というときになって孫の瓊瓊杵尊《ににぎのみこと》が生まれたので、父である天忍穂耳尊が子の瓊瓊杵尊に、それまでに授かったすべての物や勅《みことのり》をそのまま引き継がせたという流れになっています。

(一) 宝鏡奉斎《ほうきょうほうさい》の神勅《しんちょく》

「斎」の旧字は「齋」で「いつき」と読みますが、これは神仏をお祀《まつ》りするとき、飲食や外出などの行動を控えて穢《けが》れを祓《はら》い、心身を清めることを意味する字です。つまり天《あま》照《てらすおほみかみ》大神から授《さず》かった鏡を見て、みずからを常に清めなさい、という意味になります。

このときに渡された鏡が「八咫鏡《やたのかがみ》」で、この鏡は、天照大神《あまてらすおほみかみ》が天石窟《あめのいはや》に幽《こ》もられ、石窟から出てこようとされたときに、そのお姿を映した鏡です。つまり最高神としての輝くお姿が映《うつ》る鏡であり、その御心を常に我がものとして、皇位に就《つ》くことが、宝鏡奉斎の持つ意味になります。

全国の神社の多くには、神殿に鏡が設置されていて、のぞき込めばそこに自分の姿が映《うつ》ります。けれどそこに映っているのは、本人の実体《じったい》ではなくて、本人から反射した光です。そして霊《ひ》は光の存在ですから、そこにただ肉体が映《うつ》っているのではなくて、霊《ひ》が映っていると考えられていたのです。そしてその映った姿を、恐《おそ》れ多くも天上界で天《あま》照《てらすおほみかみ》大神を視るのと同じように見なさい、というのです。鏡に映る我が身の姿は、生活にやつれ、年輪を重ねた姿かもしれません。けれどそこに映る我が霊《ひ》《＝魂》は、常に穢《けがれ》を祓《はら》い、清浄なものであるようにしていきなさい、という意味があるのです。「誰も見ていなくても、お天道様がみていらっしゃる」のです。そしてお天道様は、あなたの魂の耀《かがや》きを光を、見ていてくださっているのだという考え方です。こういうことを昔の日本人は常識としていました。

(二)　斎庭稲穂《ゆにはのいなほ》の神勅《しんちょく》

我々が作る稲は、高天原の天照大神《あまてらすおほみかみ》から授《さず》かった稲が始祖《しそ》です。ですから昔はご飯《はん》粒《つぶ》の一粒《ひとつぶ》たりとも残してはいけないと言われたし、食べ物は決して粗末《そまつ》にしてはいけない、食べるときは、ちゃんと「いただきます」と感謝の言葉を述べてから食べなさいといわれたものです。これは我が国の大昔からの常識です。ですからいまでもほとんどの日本人はそのようにしています。大切なことは、人は食べなければ生きていくことができないということです。ですからどんな身分であったとしても、食べ物をつくる人を粗《そ》末《まつ》にしてはいけないのです。

いまでも天皇陛下は、皇居の中で稲田を営《いとな》み、御自《おんみずか》ら稲作をしておいでになります。その稲も、国中で栽培されている稲も、ひとえに天照大神《あまてらすおほみかみ》から授かった大切な宝ものです。

海幸山幸の物語が意味する自立自存の国家像　日本書紀巻二・三

海幸山幸《うみさちやまさち》で扱う最大のテーマは「無視できない相手からの無理難題にいかに立ち向かうか」という古代の知恵を得ることにあります。したがってここでは個々の物語中にある詳しい解説よりも、物語全体のストーリーをまず知っていただき、そこから得る知恵を学ぶといった構成にしています。

1　海幸の釣り針を失くす

【あらすじ】

兄の火闌降命《ほのすそりのみこと》は海幸《うみさち》、弟の彦火火出見尊《ひこほほでみのみこと》は山幸《やまさち》といいます。兄弟二人はある日、試《こころみ》に幸《さち》《=道具のこと》を取り易《か》えてみるのですが、それぞれその利《さち》《=獲物のこと》を得ることができませんでした。兄は悔《く》いて弟に弓矢を還《かえ》し、自分の鉤《ち》《釣り針のこと》を弟に乞《こ》いました。ところが弟は兄の鉤《ち》を失《な》くしていて、懸命に探したのですが見つからなかったため、兄に新しく鉤《ち》を作って、これを與《わた》しました。兄は承服せず、弟にあくまでもとの鉤《ち》を返せと責《せ》めました。弟は患《うれ》いて、自分の横刀《たち》を鍛作《かた》して、たくさんの新しい鉤《ち》を兄に渡そうとしました。けれど兄は忿《おこ》って、

「我《わ》が故《もと》の鉤《ち》でなければ、いくら数が多くても受け取らない」と、ますます弟を責《せ》めました。弟の彦火火出見尊《ひこほほでみのみこと》は、深く憂《うれ》い苦《くる》しみ、海畔《うみべ》をさまよいました。

すると塩土老翁《しほつちのをぢ》に会いました。老翁《をぢ》は「どうしてこんなところで愁《うれ》いているのです

か」と問いました。事の本末《あるかたち》を話すと、老翁《をぢ》は、「もう憂《うれ》いますな。吾《われ》が汝《いましのみこと》のために計《はか》ってあげましょう」と言って、無目籠《まなしかたま》を作り、その籠《かご》に彦火火出見尊を入れて、海に沈めました。すると籠《かご》が可怜小汀《うましをはま》に着きました。

㈠　無視できない相手からの無理難題

天孫降臨した瓊瓊杵尊《ににぎのみこと》が、地上において木花之開耶姫《このはなさくやひめ》と結ばれて生まれた子が、火闌降命《ほのすそりのみこと》と、彦火火出見尊《ひこほほでみのみこと》の兄弟です。兄弟はともに炎《ほのお》の中で生まれ、炎が立ち上がるときに生まれたのが兄の火闌降命、生もうとする母《＝木花之開耶姫》が炎を避けて火の出る様子を見ていたときに生まれた子が弟の彦火火出見尊《ひこほほでみのみこと》です。名前もそのような名前になっています。この二人は、それぞれ兄が海で幸《さち》を取り、弟が山で幸《さち》を採って暮らしていました。名前が長いので、本書では、以下それぞれ兄を海幸《うみさち》、弟を山幸《やまさち》と呼びます。

ある日、互いの狩漁の道具を取り替えて、互いの狩漁をしてみたのですが、このとき弟の山幸は、兄の鉤《ち》《釣り針のこと》を失《な》くしてしまいます。そこで新しく釣り針を作って渡すのですが、兄は怒って受け取らない。やむなく自分の太刀を鋳潰《いつぶ》してたくさんの釣り針にして兄に渡そうとしますが、それでも兄はこれを受け取らない。

そこで憂《うれ》いながら海辺を歩いていると、そこで塩土老翁《しほつちのをぢ》に会うわけです。事情を聴いた老翁は「よい考えがあります」と、無目籠《まなしかたま》《網目《あみめ》の細かい籠《かご》》を作って、山幸を海に送り出すわけです。

大事な釣り針を失くされたことで兄の海幸が怒るのは、それはそれでわかることですが、いくら大切にしていた釣り針だからといって、海で失くしたのですから、いわば太平洋に沈んだ針一本を探せというようなものです。つまりこれは無理難題です。そしてその無理難題が、身近な兄という無視できない存在によって突《つ》きつけられているわけです。このことは「無視できない相手からの無理難題にいかに対処すべきか」という大切なテーマです。

(二) 塩土老翁《しほつちのをぢ》

山幸を助ける塩土老翁《しほつちのをぢ》は、後述する神武天皇の章でも登場します。九州の宮崎においでになった神武天皇に「東の方《かた》に良い国がある」と教えたのが、塩土老翁《しほつちのをぢ》です。塩は古語で海を意味し、土は陸のことです。老は前にもご案内しましたが位《くらい》の高い人、翁は尊《とうと》い人ですから、海陸両方の知識に優れた人という意味になります。

その塩土老翁が山幸《やまさち》を籠《かご》に乗せて「海に沈めた」とありますが《原文：内彦火火出見尊於籠中沈之于海》、これは古語で海に送り出したということです。そして籠《かご》で海を航海した山幸は、可怜小汀《うましをはま》に着いたとあります《原文：即自然有可怜小汀》。ここにある「可怜」には注釈があって、そこには《此云于麻師《うまし》。汀、此云波麻《はま》》と記載されています。

「可怜」と書いて「うまし」と読むのですが、この「怜」という字は「忄十令」で、令は神々の前でかしずく人の姿の象形、「忄」は心という字の変形ですから、「可怜《うまし》」は

「神々の前でかしずく可《よ》き心」とわかります。そんな雰囲気を持つ小《ちい》さな汀《はま》に到着したわけです。

2　別件《べっけん》による制裁《せいさい》

【あらすじ】

山幸《やまさち》が籠を捨てて歩いていくと、海神《わたつみのかみ》の宮がありました。その宮には大小の垣根《かきね》におおわれ、光り輝く高楼《原文：台宇玲瓏》があり、門の前にひとつの井戸がありました。その井戸の上には神聖な桂《かつら》の樹《き》があり、枝葉が茂っていました。山幸《やまさち》がその樹の下にいると、ひとりの美人《をとめ》が戸を開いて出てきました。手に玉鋺《たまのり》を持ち、井戸から水を汲《く》もうとして、山幸《やまさち》を見つけました。それで驚いて門の中に還《かえ》り入って、その父母《かぞいろは》に、「門の前の樹の下に、ひとりの希《めづら》しい客者《ひと》がいます」と告げました。海神《わたつかみ》は山幸《やまさち》を宮に入れると、八重《やへ》に席薦《たたみ》を敷いて山幸《やまさち》を上座に据《す》えて、事情を問いました。山幸《やまさち》が事情を話すと、海神《わたつみのかみ》は大小の魚《いを》たちを集めて問いました。魚たちは、

「識《し》りません。ただタイの赤女《あかめ》が、比口《このごろ》に疾《やまい》があると言っていました」と答えました。

そこで召《め》してその口を探ったところ、果たして失《な》くした鉤《ち》が出てきました。

その後山幸《やまさち》は、海神《わたつかみ》の娘の豊玉姫《とよたまひめ》を娶《めと》って海宮《わたつみや》に留住《とどま》りました。海宮は安らかで楽しいところだったからです。けれど日に日に郷《くに》を憶《おも》う情《こころ》が増しました。三年経《た》ったある日、妻の豊玉姫が山幸《やまさち》が大きなため息をついているところを見て、父に「天孫《あめみま》は、数《しばしば》歎《なげ》いています。きっと土《もとつくに》を懐《おも》って憂《うれひ》ているのではないでしょうか」と言いました。

海神《わたつかみ》は、山幸《やまさち》を呼び、従容《しづか》に言いました。

「天孫《あめみま》、もし郷《くに》に還《かへ》りたいと思うなら、吾《あ》が送りましょう」

そして得た釣鉤《ちい》を渡すと、次のように誨《をしへ》ました。

「この鉤《ち》を汝《いまし》の兄に与えるときに、陰《ひそか》に鉤《ち》に貧鉤《まぢち》と呼びかけ、その後にこれを兄に与えなさい。」また潮満瓊《しほみちのたま》と潮涸瓊《しほひのたま》を授《さず》けて誨《をしへ》て言うには、

「潮満瓊《しほみちのたま》を漬《つ》ければ、潮がたちまち満ちるので、これをもって汝《いまし》の兄を没溺《おぼれ》させなさい。汝《いまし》の兄がもし悔《く》いたならば、潮涸瓊《しほひのたま》を漬《つ》ければ潮は自《おのづ》から涸《かれ》るので、これで兄を救いなさい。こうして兄を逼悩《せめなやま》せば、汝《いまし》の兄は自《おの》づから伏《したが》うでしょう。」

山幸《やまさち》が将《まさ》に帰ろうとしたとき、豊玉姫が天孫《あめみま》に「妾《わらわ》は妊娠し、もうすぐ子が生まれます。風濤急峻《かざなみがはやから》ぬ日に海から浜に出ますので、我《わらわ》のために産屋《うぶや》を作って待っていてください」と言いました。

山幸《やまさち》は宮《もとのみや》に還《かえ》り、海神《わたつかみ》の教えのとおりにしました。これにより兄の海幸は、厄困《なや》まされて、「いまよりも以後《ゆくさき》、吾《われ》は汝《いましみこと》の俳優《わざをき》の民《たみ》となりますから、たすけてください」と請《こ》いました。山幸《やまさち》は、その乞《ねがい》のまま兄を赦《ゆる》しました。

㈠ 理不尽な要求には別件で制裁を

無視できない相手から無理難題を突きつけられたときに、どのように対処したら良いのでしょうか。古事記にも同じ話があり、そちらでは赤ダイの喉《のど》から出てきた釣り針《鉤《ち》》が、海幸のものとは特定していませんが、日本書紀では、明確に兄の釣り針であったと特定しています。しかしそれを兄に返すに際しては、

1 釣り針に「貧鉤《まぢち》」と呪文をかけなさい。

2　潮満瓊《しほみちのたま》で兄を溺れさせなさい。
3　兄が詫びてきたら、そのときになって潮涸瓊《しほひのたま》で助けてあげなさい。
4　2と3を繰り返しなさい。

と海神《わたつみのかみ》が教えています。

「貧鉤《まぢち》」というのは、「これを手にした者は貧乏になれ！」という呪文ですが、釣り針を返す返さないという物理的な問題なのに、ここで経済制裁を行えと指導しているわけです。明らかに別件制裁《せいさい》ですが、そもそも無理難題を押し付けられているわけですから、これに対抗するにはやむを得ない措置《そち》といえます。潮満瓊《しほみちのたま》で兄を溺れさせなさいというのは、経済制裁に伴《ともな》う相手の軍事的反撃に対して、圧倒的な力をもってこれを叩《たた》き伏《ふ》せよという意味です。つまり経済と軍事両面で、制裁を加えなさいと神話は私たちに教えてくれているのです。

たとえ実の兄であっても、理《り》不《ふ》尽《じん》な要求にははっきりとNOを突きつけたいのは山々です。しかし現実には、なかなかそうはいかない場合があります。とりわけ国家における国際関係においては、それぞれの国家は独立した存在ですから、相手をたたき伏せるわけにもいきません。それが無理難題を要求してきたり、あるいはいわれのない中傷をしてくるということは、あってはならないことであっても現実に起こることです。ではそうした場合にどうしたら良いのかといえば、淡々と別件で経済制裁を加えなさいというのです。相手がそれに怒って軍事行動を起こせないように、潮満瓊《しほみちのたま》と潮涸瓊《しほひのたま》といえるだけのしっかりした軍備を日頃から整えておくことだということが、千三百年前の日本書紀に書かれているのです。このことは私たち日本人にとって国家のたいせつな教えであると思います。

(二) 豊玉姫《とよたまひめ》の懐妊《かいにん》

海の宮で山幸《やまさち》と海神の娘の豊玉姫は結ばれます。三年も経てば妊娠もあろうというもので、豊玉姫は、「もうすぐ生まれるから、産屋《うぶや》を築いておいてください。気象の良いときに山幸《やまさち》のもとに行きますから」と話しています。産屋《うぶや》というのは、出産に際して、そのための専用の小屋を新築して、その中でお産をするという古代の習慣です。縄文時代の家屋は、様々な遺跡に復元したものがありますが、一間しかない円錐形の竪穴式住居ですから、同じ住居の中で出産することができません。ですからお産に際しては専用の竪穴式住居を建てるという慣習があったわけです。

その産屋で生まれた子が彦波瀲武鸕鷀草葺不合尊《ひこなぎさたけうがやふきあへずのみこと》、その子《つまり山幸《やまさち》の孫》が初代神武《じんむ》天皇です。

コラム　神話《しんわ》と神語《かむがたり》

古事記や日本書紀に書かれた神代《かみのよ》の物語のことを、いまでは「神話《しんわ》」と呼ぶことが普通になっています。そして神話だから「根拠のない作り話だ」とも言われます。ところが日本語のこの「神話」、実は幕末に英語の「ミス《Myth》」の翻訳語として生まれた造語《ぞうご》です。江戸時代までの人たちは「神語《かむがたり》」と呼んでいました。

ひとりの人が生まれてくるためには、あたりまえのことですが必ずペアとなる男女の父母が必要です。その父母が生まれるためには父方の祖父母と母方の祖父母、つまり4人の祖父母が必要です。さらに曽祖父母になると、これが8人、その上ですと16人、そのまた上が32人と、祖先の数が増えていきます。そして計算上は、いまを生きているひとりがこの世に生まれてくるためには、七百年前の鎌倉時代に1億3千万人の祖先が必要という計算になります。ところが鎌倉時代の日本の人口は七百万人しかいません。これが何を意味しているかというと、すべての日本人が「必ず祖先がどこかで重なっている」ということです。日本には佐藤さん、高橋さん、鈴木さん、田中さんというように、それぞれの家系ごとに姓《せい》がありますが、その家系をさかのぼっていきますと、すこし古い旧家なら戦国時代くらいまで家の歴史をさかのぼることができたりします。ところがそれよりももっと古い時代になると、その時代を生きた人たちは、いま生きているすべての生粋《きっすい》の日本人の共通のご祖先ということになります。戦国時代といえば、およそ五百年前ですが、もっと古い、たとえば千年前の平安時代を生きた人たちの物語は、いまを生きている私たち日本人にとっての実は共通のご祖先の物語ということになります。

では日本書紀が書かれた七〜八世紀にはどうでしょうか。初代神武天皇以前の物語は、祖先をずっと上《かみ》の方にさかのぼって行った先にある、当時の人々にとっての共通のご祖先の物語ということになります。ですからこれを、祖先をずっと上《かみ》の方にさかのぼって行った物語として上《かみ》＝神《かみ》の物語として神語《かむがたり》と呼んだのです。

一方、英語の「ミス《Myth》」は名詞で「神話」を意味しますが、語感的には「作り話」や「根拠の乏しい社会的通念」といった意味を含みます。英語はもともとイギリス語ですが、イギリスはもともと多神教で妖精信仰を持つ先住民のケルト人が住んでいたエリアに、フランスからノルマンディー公が上陸して王朝を打ち立てた国です。ノルマンディー公は一神教であるキリスト教徒でしたから、先住民たちの妖精信仰を「根拠のない作り話＝ミス《Myth》」としたわけです。

幕末の翻訳家の人たちは、そういう「根拠のない作り話＝ミス《Myth》」と、我々の祖先の物語である神語《かむがたり》を一緒にされたくないということで、あえて神語とは別に「神話」という単語を造語しました。残念なことに、いまでは神語という用語が死語になってしまい、我々の共通のご祖先の物語まで「神話」という言葉でくくられるようになってしまいました。けれども、大昔からの神語が、いまなおのこっているということは、実は世界的にみても、実に誇らしいことなのです。

第三章

民衆こそが国の宝
～日本建国の時代

◇◇◇◇◇◇◇◇◇◇◇◇◇◇◇◇◇◇◇◇◇

この章からは歴代天皇のご事績《じせき》になります。日本書紀に掲載されている歴代天皇は、初代神武《じんむ》天皇から始まって、第41代持統《じとう》天皇までです。日本書紀は、それぞれの天皇について、かなり詳しく紹介していますので、そのすべてを網羅《もうら》することは紙面の都合上できません。そこで本章以降では、すべての天皇のご事績《じせき》ではなく、いくつかの天皇について、その内容を絞ってご紹介をしていきます。

ここでは、神武天皇、崇神天皇、仁徳天皇までをご紹介します。

神武天皇の偉大な功績

日本書紀巻三

神武天皇というお名前は奈良時代に付けられた漢風諡号《かんぷうしごう》で、日本書紀では神日本磐余《かむやまといはれ》彦天皇《ひこのすめらみこと》と書かれています。名前の意味は「日本《やまと》の磐《いはほ》を取り除かれた天皇」という意味です。神武天皇以前にも日嗣《ひつぎ》の皇子《みこ》はおいでになるのに、なぜ神武天皇が初代天皇なのでしょうか。また神武天皇は日本の何を取り除かれたのでしょうか。

1　宮崎を出発してから長髄彦《ながすねひこ》との戦いまで

【あらすじ】

山幸《やまさち》の子である鸕鶿草葺不合尊《うがやふきあえへずのみこと》が、母の豊玉姫の妹である玉依姫《たまよりひめ》と結ばれて生まれた子は、五瀬命《いつせのみこと》、稲飯命《いなひのみこと》、三毛入野命《みけいりののみこと》、神日本磐余彦尊《かむやまといはれひこのみこと》の四人です。

その四人目の子である神日本磐余彦天皇《かむやまといはれひこのすめらみこと》《＝神武天皇》は、諱《いみな》を彦火火出見《ひこほほでみ》といい、生まれながらにして頭脳明達《ずのうめいたつ》で、意《みこころ》の確《かた》いお方で、十五歳のときに太子《ひつぎのみこ》となられました。

そして四十五歳のときに塩土老翁《しほつちのをぢ》から「東方に美地《よきくに》があり、そこには天神《あまつかみ》の子孫の饒速日《にぎはやひ》もいるが、邑村《むらむら》が互いに争っている」と聞き、兄たちや近侍する者たちとともに九州の宮崎から船で出発されます。漁労で食を得ている瀬戸内の人々に農業指導を行い、新たに三期分のお米を蓄えて船で畿内に入ります。ところが浪速《なにわ》から大和盆地に入ったところで長髄彦《ながすねひこ》に襲《おそ》われてしまいます。神武天皇は畿内《きない》の人々も饒速日《にぎはやひ》のもとにあるのだから、「日に向かって戦ってはいけない《＝日の神の子孫である民と戦ってはいけない》」と、軍を引くのですが、このときの矢傷《やきず》のために長兄の五瀬命《いつせのみこと》が亡くなり、さらに船で後退するときに嵐に遭《あ》って、次男の稲飯命《いなひのみこと》、三男の三毛入野命《みけいりののみこと》が相次いで亡くなってしまいます。しかも船は漂流し、せっかく積み込んだ三年分の食料も海に流され、乗員たちは病《やまい》に倒れてしまいます。

もう駄目かと思ったときに熊野で高倉下《たかくらじ》《高倉はお米を備蓄する高床式の建物、その下ですから、お米のお蔵を管理している人》が現《あらわ》れて、食料が補給され、さらに天照《あまてらす》大神《おほみかみ》からは韴霊剣《ふつみたまのつるぎ》を授《さず》かります。この剣《つるぎ》は、武甕槌命《たけみかづちのみこと》が葦原中国《あしはらのなかつくに》を平定したときに用いた剣で、霊《ここでは悪霊》を韴《とぎれさせ》る剣です。はたして神武天皇がこの剣を手にすると、病で倒れていた御軍の兵士たちが次々と起きあがります《原文：尋而中毒士卒悉復醒起》。

神が剣を授けたということは、「戦え」と御神意が示されたということです。さらに神々は八咫烏《やたがらす》を遣《つかは》してくれます。八咫烏の後を付いていくと、次々と味方が現れ、戦いは連戦連勝になります。八十梟帥《やそたける》を破ったときに、天皇は「撃《う》ちてし止《や》まむ」と歌い、また磯城《えしき》らを討ったときには「戦へば我はや飢《ゑ》ぬ。島つ鳥、鵜養《うかい》の徒《とも》、今助《います》けに来《こ》ね」と歌いました。

(一)諱《いみな》と字《あざな》

日本書紀は「神日本磐余彦 尊《かむやまといはれひこのみこと》の諱《いみな》は彦火火出見《ひこほほでみ》という」と書いているのですが、「諱《いみな》」とは、いまでいう本名のことです。「諱《いみな》」とは「忌《い》む名」であって、親か主君でもなければ、口に出してはいけないものとされていました。口に出してはいけない本名に代《かわ》って普段呼ぶときに使われる名前のことを「字《あざな》」といいます。

また、いまでも文筆家の方などが、ペンネームを用いたりすることがありますが、これを「号《よびな》」と言います。わかりやすく整理すると次のようになります。

諱《いみな》＝本名　　　　　　彦火火出見《ひこほほでみ》
字《あざな》＝普段呼ぶときに使う名前　神日本磐余彦 尊《かむやまといはれひこのみこと》

号《よびな》＝一般的な呼び名

ひと昔前までは、友人同士や信頼関係のある上司と部下の間などにおいては、その人の名前でなく「あだな」で呼ぶ慣習がありましたが、これは「諱字号」などの習慣がつい最近までの日本に残っていたことによります。

神武天皇《じんむてんのう》

神日本磐余彦《かむやまといはれひこのみこと》尊の諱《いみな》は「彦火火出見《ひこほほでみ》」ですが、これは前章でご案内した山幸《やまさち》と同じ名前《＝諱《いみな》》です。神武天皇は山幸《やまさち》の孫にあたりますが、偉大な祖父と同じ名前が付けられるということは、たいへんに名誉なことで、なぜそうなったかというと神日本磐余《かむやまといはれ》彦《ひこのみこと》尊が生まれながらにして頭脳明達《ずのうめいたつ》で、意《みこころ》の礭《かた》いお方で、十五歳のときに太子《ひつぎのみこ》となった方であったからだ《原文：天皇生而明達意礭如也年十五立為太子》と日本書紀は書いています。《礭は、かたくしっかりして揺るがないさまを意味する字です。》

神武天皇は四人兄弟の末子です。兄弟の字《あざな》は次の通りです。

長男　五瀬命《いつせのみこと》
次男　稲飯命《いなひのみこと》
三男　三毛入野命《みけいりののみこと》
四男　神日本磐余彦尊《かむやまといはれひこのみこと》

長男の五瀬命《いつせのみこと》の「五」は五穀豊穣の五、「瀬」は膝より下の浅瀬です。したがって稲作を含む穀物《こくもつ》つくりの立派な指導者という意味になります。

次男の稲飯命《いなひのみこと》は、文字通り稲作によって得るお米のご飯です。

三男の三毛入野命《みけいりののみこと》は、「みけ」が「御食《みけ》」で、山菜などの食材を意味します。

つまり長男から三男までの諱《いみな》は、すべて稲作を中心とした食を意味する名前です。この三人の兄は、神武天皇の東征に同行し、その途上でお亡くなりになってしまいます。これはその時点で食べ物が失われたことを意味します。けれどもそれ以前に、その兄弟たちによって瀬戸内の安芸や吉備で農業が開始されているわけです。このことが、神武天皇の後の功績に大きな意味を持つようになります。

(二) 安芸や吉備での食料の自給と備蓄

九州の宮崎においでになった神武天皇は、塩土老翁《しほつちのをぢ》から「東の地《くに》に天神《あまつかみ》の子孫の饒《にぎ》速日《はやひ》がいるが、村々が互いに争っている」と伝えられます。塩土老翁《しほつちのをぢ》は、山幸《やまさち》が悩んで海辺を歩いているときに、海神《わたつかみ》の宮殿に送ってくれた神様で、塩が海、土が陸ですから海陸の知識の豊富な老翁です。饒速日《にぎはやひ》の「饒」は豊かな食べ物を意味する字で、「速」は時間を縮める《速める》という意味ですから、要するに先に豊かな食べ物を提供するために東の国に降臨されていた日の神《天神《あまつかみ》》の孫という意味です。ところが饒速日がいるのに、邑村《むらむら》が互いに争っている。これではいけないからと、東征に出ることになったわけです。東征の「征」という字は「正しきを行う」という意味です。「邑」は村よりすこし大きな集落です。

神武天皇は、兄弟と近侍《きんじ》の者たちとともに、東に向かって船で旅立ちます。旅立ちにあたって珍彦《うづひこ》という漁師が登場して一行《いっこう》に仲間入りします。つまり狩猟や漁で職を得ている人たちに稲作を広げる旅であったわけです。
出発したときの神武天皇の年齢は45年であったと日本書紀は書いています《原文：年卌五歳》。一見すると中年になってからの出発のようですが、「年」は稔《みの》った稲穂を収穫している象形で、九州は二期作ですから、いまの暦《こよみ》でいうと半年にあたります。したがっていまの時代の年齢でいえば22歳半での出発であったことになります。若さあふれる出発だったのです。

そしてその年の11月9日には筑紫国《つくしのくに》の岡水門《をかのみなと》に到着し、12月27日には安芸国《あきのくに》、乙卯年《きのとうのとし》の3月6日に吉備《きび》の国の高島宮《たかしまのみや》に入られます。そこから畿内に向けて出発されたのが戊午年《つちのとうまのとし》です。ちょうど

『神武天皇東征之図』安達吟光 作

三年後です。ここで三年かけて舟を揃《そろ》え、兵食《かて》を蓄《たくわ》えられたのです《三年はいまの一年半》。

ここで注意したいのは、この時代にはスーパーやコンビニがあったわけではなく、すべて自給自足であったということです。船旅であれば食料は海で魚介類や海藻《かいそう》を得ることができますが、それらは三年という長期の食料保存ができません。冷蔵庫がなかった時代に、年単位の長期の保存ができる食料はお米だけです。また軍を長期にわたって滞在させるには、食料が不可欠ですが、大分の宇佐《うさ》では饗応《きょうおう》《もてなしのこと》があったのに、安芸や吉備ではそれがありません。安芸や吉備では、饗応できるだけの食料のゆとりがなかったことを意味します。つまり宇佐では稲作によって食料の備蓄がなされ、生活にゆとりがあったけれど、安芸や吉備では食料の備蓄がなかったということです。ですから上陸した神武天皇の一行は、自分たちで平地を選んでお米をつくり、それを次の移動のために蓄《たくわ》えたし、そのための期間が三年《いまの一年半》かかったというわけです。

㈢　御神意《しんい》のもとに果敢《かかん》に進む

一行は浪速《なにわ》から大和盆地に入ったところで、長髄彦《ながすねひこ》に襲《おそ》われて、その後兄たちの命まで失われ、船が漂流して積んであった食べ物が流され、しかも乗組員たちが病気になってしまう。もう駄目かと思ったときに熊野で高倉下《たかくらじ》が現《あらわ》れて、食料が補給され、さらに天照大神《あまてらすおほみかみ》からは韴霊剣《ふつみたまのつるぎ》を授《さず》かります。

神が剣を授けたということは、「戦え」ということです。さらに神々は八咫烏《やたがらす》を遣《つかは》してくれます。八咫烏の後を付いていくと、次々と味方が現《あらわ》れ、御軍の戦いは連戦連勝になります。このことは正義を実現しようとする者は、その途上ですべてを失うほどのたいへんな試練を神々から与えられるということを意味します。神武天皇もまた、三人の兄を失い、米も失い、天皇ご自身も兵たちも病に倒れてしまわれています。けれど、それでもなお、誠実に正しい道をつらぬこうとするとき、神々は、苦難と同時に新しい道を示されることを私たちに教えてくれています。つまり極端な試練があって、一方で新たな道が示されるときというのは、何かが大きく変わろうとしているときなのです。ですから苦難がやってきたからといって、そこでへこたれてはいけないのです。新たに示された御神意の道を果敢《かかん》に進みなさいと、日本書紀は教えてくれています。

(四) 撃《う》ちてし止まむ

長髄彦《ながすねひこ》を撃《う》つ前までに、神武天皇は数々の戦いを征して行かれます。そしてその戦いのときに繰り返し歌われたのが「撃ちてし止《や》まむ」という言葉です。「撃ちてし止まむ」は、先の大戦中に戦時用語として使われたから軍国主義の象徴だという人がいますが、まったく違います。「撃ちてし止まむ」の意味するところは「最後まで自分の持ち場に責任を持つ」ということです。戦いというものは、一瞬の乱れによって勝敗が左右されます。とりわけ集団戦においては、集団の一部が無責任に戦線を放棄すれば、全滅の危機に陥《おちい》ることもあります。つまり各員が、戦いの最初から最後まで、自分の持ち場をしっかりと守り、また攻撃を行うときには、指示にしたがって最後まで責任を持って戦わなければ、勝利などおぼつかないのです。

このこともまた、あらゆる社会生活にいえることです。

㈤　戦ったらお腹《なか》が空《す》いた

神武天皇は数々の戦いに勝利していきますが、そのときに次の歌を唄って兵たちの心を慰《なぐさ》めたとあります。

盾並《たてな》めて　　たてなめて
伊那瑳《いなさ》の山の　　いなさのやまの
木の間《こま》ゆも　　このまゆも
居行《いゆ》き目守《まも》らひ　　いゆきまもらひ
戦《たたか》へば　　たたかへば

我《われ》はや飢《うゑ》む
島《しま》つ鳥《とり》
鵜養《うかひ》の伴《とも》よ
今助《います》けに来《こ》ね

われはやうゑむ
しまつとり
うかひのともよ
いますけにこね

◇◇◇◇◇◇◇◇◇◇◇◇◇◇◇◇◇◇◇◇◇

意訳しますと、「盾を並べて伊那瑳《いなさ》の山の樹々《きぎ》の間を行ったり来たり守ったり、あるいは戦ったりしたら、お腹《なか》が空いてきたよ。島にいる鵜飼《うかひ》の友よ、はやく助けに来てくださいな」というものです。お読みいただいてわかるように、ここで「助けに来て」というのは、援軍を送れということではなくて、食料を運んできてくれ、ということです。

《原文：哆々奈梅弖　伊那瑳能椰摩能　虚能莽由毛　易喩耆摩毛羅毗　多多介陪摩　和例破椰隈怒　之摩途等利　宇介譬餓等茂　伊莽輸開珥虚禰》

ここまで来ると、神武天皇の一行が、瀬戸内の安芸や吉備で長期滞在して稲作やその指導をしてきたことが先に語られていたことの意味がわかります。つまり狩猟採集を中心とした生活を送る人々に、備蓄《びちく》できる食料としての稲作を普及させ、それによって豊富な食料備蓄ができるようにしていったわけです。一方、戦いを行う兵たちは、同時に稲作を行うことができません。そこで先に稲作を開始してお米の備蓄のある地域の人たち《島で鵜飼する人たち》に、「はやく食料を持ってきてくださいな」と「歌って」いるわけです。歌にして、兵たちみんなが慰《なぐさ》められたということは、神武天皇の軍には、日頃から、このような食料応援体制が整えられていたということです。このことが次に述べる建国の詔《みことのり》に深く影響していきます。

2　饒速《にぎはや》日《ひ》の末裔

【あらすじ】

次々と戦いを制した神武天皇のもとに、長髄彦《ながすねひこ》がやってきていうには、

「かつて天神《あまつかみ》の子があり、天磐船《あめのいはふね》に乗って、天から降りてきました。名を櫛玉饒速日《くしだまのにぎはやひの》命《みこと》といいます。饒速日命は、吾《あ》が妹の三炊屋《みかしきや》媛《ひめ》を娶《めと》り児《こ》息を生みました。名を可美真《うましま》手命《でのみこと》といいます。これゆえ吾《あ》は、饒速日命を君《きみ》として奉《つか》えています。天神《あまつかみ》の子が、ど

うして両種《ふたはしら》あるのでしょうか。なぜあなたは天神《あまつかみ》の子と称《なの》って、人の土地を奪おうとするのでしょうか。吾《あ》がその心を推《おしはか》るに、あなたが天神《あまつかみ》の子というのは未必為信《いつわり》ではないのか。」

神武天皇は、「天神《あまつかみ》の子は、亦多《またさわ》にあり。汝《いまし》が君とする神が、実《まこと》の天神《あまつかみ》の子であるならば、必ず表《しるし》の物が有るであろう。それを相見《あいみ》せよ」と仰《おっしゃ》られました。

長髄彦《ながすねひこ》は、即《すなは》ち、饒速日命《にぎはやひのみこと》の天羽々矢《あめのははや》を一隻《ひとは》と、歩靫《かちゆき》《矢の入れ物》を神武天皇に示《み》せ奉《たてまつ》りました。神武天皇は、これを見て、

「事不虚《まこと》なり」とのたまわれ、今度は神武天皇が持つ天羽々矢《あめのははや》一隻《ひとは》と歩靫《かちゆき》を長髄彦《ながすねひこ》に賜示《みせたま》われました。長髄彦《ながすねひこ》は、その天表《あまつしるし》を見て、益《ますま》す踧踖《おそれかしこ》み、凶器《つはもの》を構《かま》へて、みずからの考えを捨てようとしませんでした。神武天皇には、もとより饒速日命《にぎはやひのみこと》が天神《あまつかみ》であり、長髄彦がその孫であることは、はじめからわかっていたことです。しかし長髄彦は、神と人との違いがわからず、いくら教えても理解しようとはしませんでした。このため神武天皇は、やむをえず長髄彦を殺し、長髄彦の帥《ひき》いていた人たちをすべて天皇のもとに帰順させました。この者たちが物部氏《もののべし》の祖先です。

(一) 複数あった天孫降臨

　ここであらためて明かされていることは、天孫降臨は複数あったということです。もともと神武天皇は宮崎を出発される前に、塩土老翁《しほつちのをぢ》から「東方に美地《よきくに》があり、そこには天神《あまつかみ》の孫の饒速日《にぎはやひ》がいるが、邑村《むらむら》が互いに争っている」と聞いています。その饒速《にぎはや》日命《ひのみこと》が、天神《あまつかみ》の孫であることも承知していたわけです。問題は、その天神《あまつかみ》の孫である饒速日《にぎはやひ》を奉《ほう》ずる人たちが、畿内で他の人々をおびやかしていることにあります。だから神武天皇は東征に出発されています。

　ところが争いをやめさせるために畿内に入った神武天皇の一行を、長髄彦《ながすねひこ》は、問答無用で襲撃します。神武天皇は「日に向かって戦ってはいけない」と述べられていました。長髄彦が、饒速日の孫にあたると知っていたからこそ、神武天皇は兵を引いたのです。《そのあと神武天皇の兄たちが次々とお亡くなりになり、天皇はたいへんな苦労をされました。》

そして神武天皇が、勢力を盛り返して長髄彦《ながすねひこ》に再《ふたた》び迫《せま》ったときに、長髄彦は使者を立て、その後、直接神武天皇と話をするわけです。そしてこのとき長髄彦《ながすねひこ》は、自分が天《あまつ》神《かみ》を奉《たてまつ》る者であることを、ちゃんと証明しています。

つまり天孫降臨は、瓊瓊杵尊《ににぎのみこと》だけでなく、他にもたくさん降臨していたということです。けれど、天孫を奉じていながら、国内の民《たみ》を先頭を切って苦しめているのでは本末転倒です。神武天皇は、自分もまた天神《あまつかみ》の孫であること、その証拠の品があること、そしてなにより民が第一であることを縷々《るる》長髄彦に説得しますが、長髄彦にとっては、自分が正当な天神《あまつかみ》の子孫であることにのみ関心があって、民をかえりみようとする姿勢がない。だからやむなく神武天皇は、長髄彦を斬ってしまわれるわけです。

ただし、頑迷《がんめい》に自分の地位だけにこだわっていたのは、トップの長髄彦だけであって、その一族には何の咎《とが》もないことから、あらためて、長髄彦の一族を神武天皇の臣下に加えておいでになります。しかもその一族こそが、我が国の古代を代表する天皇直下の親《しん》任厚《にんあつ》い物部《もののべ》氏《し》の祖先であると日本書紀は書いています。

(二)　地位や家柄が大事か、民が大事か

この一連の物語が示すものは、天神《あまつかみ》の直系であるという家柄や地位が大切なのか、それとも民の安寧《あんねい》こそが大切なのかという重大な問題です。答えは簡単に出ると思います。けれど世界の歴史を考えれば、自己の保身や権力のために、民衆を大量虐殺したり、あるいは自分だけの贅沢のために、他の人々をかえりみない君主が、いかに多いことか。

天神《あまつかみ》の子は、世界中に降臨されたのでしょう。だから世界には様々な民族や国があります。しかし歴史を通じて民衆の幸せこそが国の幸せと考え行動されてきたご皇室を我が国の国民が得てきたというこの事実は、私達日本人にとって本当に幸せなことです。

しかもその神武天皇の行動は、そもそも正直に、天壌無窮《てんじょうむきゅう》の神勅《しんちょく》を、そのままに実践されたものであられたのです。

3　建国の詔《みことのり》と御即位《ごそくい》

【あらすじ】

宮崎を出てから五年後の3月7日、天皇は次のように令《れい》を下《くだ》されます。

「月日の経つのは早いものであの東征からもはや六年の歳月が流れた。その間に神々にご加護いただき凶徒《あだ》も滅ぼすことができた。まだまだ周辺には妖《あや》しい者が道をふさぐことがあるけれど、国の内《うち》にはもはや騒動はない。そこで真心をこめておおいなる都を築造する。労作業をしている若者たちをはじめ、我が国のすべての民衆の心は、とても朴素《すなお》である。もちろんまだ稲作をしないで竪穴式住居に住んで狩猟採集だけで生活をしている人たちもあるけれど、民衆が豊かに安全に安心して暮らせるように大人《おとな》の制《のり》を立て正しい道《義》にしたがって聖なる行いをしていくことに、何の妨《さまた》げがあるだろうか。

そのために山や林を伐《き》り拓《ひら》いて民衆のために公正を尽くす都を築こう。そして恭《つつし》んで宝　位《たからのくらい》に昇《のぼ》ろう。そして大昔から続く元々《もともと》人々が生きていく上で大切なことをもって国を鎮《しづ》めていこう。我が国は天神《あまつかみ》から授《さず》けられた、みんなで正しい心を養《やしな》っていく徳の国である。

これから天地東西南北のための都を築造する。その都を四方八方を覆《おお》う大きな屋根に見立てて、みんながその屋根の下で暮らす家族のように助け合って生きていく国を築いて行こう。畝傍山《うねびやま》の東南にある橿原《かしはら》の地で国を覆《おお》い、民衆を「たから」とする国を築いて行こう。」

そしてこの月に有司《つかさ》に命じて帝宅《みやこ》を経《つく》り始められました。

二年後の元旦に、天皇は橿原宮《かしはらのみや》で即帝位《あまつひつぎしろしめ》られました。この歳を天皇の元年《はじめのとし》とします。そして正后《おほきさき》を尊《とうと》んで皇后《おほきさき》とされました。そして次のように述べられました。

「畝傍《うねび》の橿原《かしはら》に太い宮柱《みやはしら》を底磐《そこついは》の根に立て、高天原《たかまのはら》に届くほどの搏風《ちぎ》を立て、始馭天下之天皇《はつくにしらすすめらみこと》を号して神日本磐余彦火々出見天皇《かむやまといはれひこほほでみのすめらみこと》と名乗ろう。」

初めて天皇が天基《あまつひつぎ》を草創《はじめ》たまわれたその日、大伴氏《おほともうじ》の遠祖《とほつおや》の道臣命《みちのおみのみこと》が大来目部《おほくめら》を帥《ひき》いて密かに諷歌《そえうた》と倒語《さかしことば》をもって妖気を掃《はら》い蕩《とらか》せました。これが倒語《さかしことば》の事始めです。

(一)　お米の備蓄と全国的な食料の配分

本抄のあらすじのところでは、できるだけ文意が正確に伝わるように現代語訳させていただきました。大切なことですので、その日本の建国の詔《みことのり》の原文と読み下し文をはじめに掲示します。声に出して読んでみられても良いかもしれません。

◇◇◇◇◇◇◇◇◇◇◇◇◇◇◇◇◇◇◇◇◇◇◇◇◇◇◇◇◇◇

✽建国の詔《みことのり》

自我東征　　　われひむかしを　うちてより
於茲六年矣　　ここにむとせに　なりにたり
頼以皇天之威　すめらきの　あめのいを　もちたのみ
凶徒就戮　　　あたうつために　おもむかむ
雖辺土未清　　ほとりのくには　まだきよまらず

余妖尚梗
而中洲之地無復風塵
誠宜恢廓皇都
規摹大壮
而今運屬屯蒙
民心朴素
巣棲穴住習俗惟常
夫大人立制
義必隨時
苟有利民
何妨聖造
且當披拂山林
經営宮室
而恭臨宝位

のこるわざわひ　なほふさげども
うちつくにには　またさわぎなし
まごころこめて　おほいなる
ひらきひろめる　みやこをつくる
いまはこぶ　わかきもくらも
おほみたからの　こころはすなほ
あなをすとして　すむあるといへ
ひじりののりを　そこにたて
ことわりに　したがふときに
いみじくも　たみにりの
ひじりのわざに　なんのさまたげ　あろうとや
やまやはやしを　はらひてひらき
みややむろやを　をさめいとなみ
たからのくらひ　つつしみのぼり

以鎮元元　おほきもとひを　もってしづまん
上則答乾霊　かみはすなはち　そらのかみより
授国之徳　さずけたまひし　とくのくに
下則弘皇孫養正之心　しもにはみまの　ただしきこころ　やしなひて
然後　しかるのちには
兼六合以開都　むつをあはせて　みやこをひらき
掩八紘而為宇　やひろをおほひ　いへとなさむは
不亦可乎　またよからずや
観夫畝傍山東南　それにみる　うねひのやまの　たつみのすみの
橿原地者　かしはらのちで
蓋国之墺区乎可治之　くにをおほひて　しらしむべし

これが我が国の建国宣言《建国の詔《みことのり》》です。世界中どの国においても自国の建国宣言は非常に大切なものとされ、必ず学校で教えられることです。ところが不思議なことに世界でもっとも古い歴史を持つ我が国だけがこれをしていない。たいへんに残念なことだと思います。

建国の詔《みことのり》の文中に、「まだ稲作をしないで竪穴式《たてあなしき》住居に住んで狩猟採集だけで生活をしている人たち」とあるのは、原文では「巣棲穴住習俗惟常」と書かれているところです。稲作をするようになると、水田を営みますから、住居は高床式《たかゆかしき》になります。田に水を引きますから、その水位よりも家の床が低かったら、床に水が滲《し》みて生活できないからです。つまり竪穴式住居に住む人というのは、稲作をしないで狩猟採集生活を送る人たちを意味します。

縄文時代の狩猟採集生活は、平時であれば一日三時間程度働くだけで一家を養うに十分な食料を得ることができたといいます。それなら水田を築いたり田植えをしたり稲刈りをするよりも、ずっと楽に生活することができます。けれど狩猟採集生活で取得する食料は生《なま》ものですから、もちろん、とても新鮮で美味《おい》しいけれど、長期の備蓄《びちく》ができません。つまり天然の大災害が起きたときに、食べるものがなくなって人が飢《う》えてしまうのです。飢えは疫病《えきびょう》を生み、疫病は大切な人に死をもたらします。それはとてもつらいことです。けれど日本列島は天然の災害が多発する国土なのです。

稲作はたいへんな労働を伴います。そのかわりいざというときのための食料を備蓄できます。しかしそうは言っても、火山の噴火や土砂災害等によって、備蓄していたお米が失われてしまうことも多々あるわけです。そういうときに、九州で凶作になれば瀬戸内や畿内から、畿内が凶作になれば関東・東海や中四国から備蓄米を運び込むことができれば、お互いに地域を超《こ》えて扶《たす》け合うことができます。そうすれば、人々は大切な人を失《うしな》わずにすみます。これこそが我が国が稲作を重視してきた歴史を持つ本当の意味です。そしてこのときのお米の配分には、必ず公正さが求められます。その公正な食料保管や配給を実現するために、つまり「民衆が豊かに安全に安心して暮らせるよう、大人としての制《のり》を立て、正しい道《義》にしたがって必ず聖なる行いをしていこう《原文：夫大人立制、義必随時、苟有利民》」というのです。そしてこのことは、実際に畿内での戦いの際に、瀬戸内で鵜《う》を飼《か》う人たちに食料を運んできてもらった実績に基《もと》づいていることです。

さらにこうした相互扶助《そうごふじょ》を公正に行うことが、「大昔から続く元々《もともと》からの人々が生きていく上で大切なこと《原文：以鎮元元》」と述べられています。この「元元」とは、いまでもお伊勢様などで「元元本本」として使われている用語です。「元元本本」と書いて「もともとを、もととす」と読みます。「目先の利害得失ではなく、大昔からの人が生きていく上で本質的なことを根本にする」という意味です。そしてこのことをもって「国を鎮《しず》めていきましょう」と述べ、「我が国は、もともと天の神から授《さず》けられた徳の国なのだから、そのことをわきまえて、みんなでもともとの正しい心を養《やしな》って行こう」と述べられています。

ここまでくれば、「都を四方八方を覆《おお》う大きな屋根に見立てて、みんながその屋根の下で暮らす家族のように助け合って生きていくことができる国を築いて行こう」の意味も明らかです。それぞれの地域でお米を備蓄し、災害等があったときには、地域を超えて日本全国が互いに助け合っていく、そのためには公正な中央管理機能が必要です。だから都をひらく。こうすることで日本全国がひとつ屋根の下で暮らす家族のように、お互いに助け合って生きて行こうではないかと、これが我が国の建国の原点に置かれたのです。これを「八紘一宇《はっこういちう》」といいます。原文ですと「兼六合以開都掩八紘而爲宇不亦可乎」です。八紘《はっこう》は、四方八方のこと、一宇《いちう》はひとつ屋根の下で暮らす家族のことです。この「八紘一宇」を戦時用語だといって、意味もわからずにまるで危険思想であるかのように言う人がいますが、天然の災害が多発する日本列島において、人々が天然災害を乗り越えて生き残るためには、日本全国が互いにたすけあって生きていくことがどれだけ大切なことであるのか。八紘一宇は、災害の多発する日本列島において、私たちが生き残り、命を紡《つむ》いでいくのに必要な原点となる思想です。

(二)　民衆を「たから」とする

そして最後に「畝傍山《うねびやま》の東南にある橿原《かしはら》の地で国を覆い、民衆を『たから』とする国を築《きず》いて行きましょう」とあります。原文では「可治之」と、たった三語で示している部分です。「これを治《し》らしむべし」と読み下します。「治《し》らす」というのは、我が国統治の根幹になる言葉で、ひとことで言えば「民衆をおほみたからとする」ことです。現場で農業をしている民衆をこそ国の宝としていこうというのが「治《し》らす」です。宝にするのは、国のトップにおわす天皇です。政治権力者は、すべて天皇の臣下ですから、政治権力者は、天皇の「たから」に尽くすことが職務です。

世界中、歴史に登場するいつの時代のどの国においても、国家最高の存在は国家最高の政治権力者です。権力者は、反対派を駆逐《くちく》する権力を持っています。ですから反対派は常に征圧《せいあつ》し粛清《しゅくせい》されます。ところが日本は、神武天皇の建国の詔《みことのり》によって、政治権力者は天皇の「たから」に尽くすことが使命とされるようになりました。征圧や粛清ではなく、どこまでも民衆を大切にしていくことが政治権力の使命とされたのです。このことは裏返しに言えば、民衆には、正しく生きる限りにおいて権力からの自由を与えられているということです。いわばそれは究極の民主主義です。我が国は天皇のもとで世界最古の民主主義を実現した国なのです。

(三) 天皇御即位

実際に橿原宮で天皇に即位するのは、建国の詔《みことのり》が発せられた二年後の元旦です。それが「旧暦の辛酉《かのととり》の年春正月（一月一日）」と書かれていることから、この日が新暦の2月11日にあたるということで2月11日がいまでも建国記念日とされています。戦前戦中までは紀元節《きげんせつ》と呼ばれて祭日とされていました。そしてこの神武天皇の御即位の年が、天皇紀元の元年です。

そしてこのとき神武天皇は、号《ごう》を「始馭天下之天皇《はつくにしらすすめらみこと》」とされ、「神日本磐余彦火々《かむやまといはれひこほほ》出見天皇《でみのすめらみこと》と名乗られます。祖父である山幸《やまさち》《＝彦火々出見尊《ひこほほでみのみこと》》の偉業を受け継ぎ、日本の磐《いわを》を取り除いて、はじめて天下を馭《ぎょ》した天皇《すめらみこと》という意味です。馭は、馬を操《あやつ》るという意味の字ですが、ここでは天下の人々の食を良い意味で操作するという意味と掛《か》けられています。私たちの国日本は、民衆の幸せを願って建国された国なのです。

(四)　なぜ神武天皇が初代天皇なのか

地上世界に最初に降臨されたのは天照大神《あまてらすおほみかみ》の孫である瓊瓊杵尊《ににぎのみこと》であり、その子が彦火火出見尊《ひこほほでみのみこと》《山幸《やまさち》》、孫が鸕鷀草葺不合尊《うがやふきあへずのみこと》、その曽孫が神武天皇です。つまり神武天皇以前にもご先祖がいたにもかかわらず、どうして神武天皇が初代天皇とされるようになったのか。その答えは、神武天皇が我が国を初の統一国家とされたことによります。いまでも出雲国《いづものくに》とか武蔵国《むさしのくに》という言葉が残っているように、もともとの出発点は同じ人々であっても、古代における日本は、全国の各地域《これを国《くに》と言いました》を治《おさ》める豪族たちの国の集合体であったわけです。それを神武天皇が初めて、万一の際の食料の相互流通を実現されて、日本をひとつの統一国家にされました。国の主なら、国主か王《おう》です。その王の中の大王であり、かつ天照大神《あまてらすおほみかみ》からの直系の御方《おかた》という意味で神武天皇が初の日本の天皇となられたのです。

初代神武天皇陵（畝傍山東北陵・奈良県）

疫病対策に苦慮された崇神天皇

日本書紀巻五

初代神武天皇によって、災害時にはお米を地域を超えて融通しあい、日本全国がひとつ屋根の下で暮らす家族のように互いに助け合う国が生まれました。これゆえ神武天皇のことを始馭天下之天皇《はつくにしらすすめらみこと》といいます。国家の黎明期《れいめいき》に、このような素晴らしい天皇をいただいたことは、我が国国民にとっての幸せでした。

地震や台風による被災地は、地域がある程度限定されます。神武天皇の時代に始まったことは、あくまで災害時に、被災していない地域から被災地にお米を届けることを公正に行うというものでした。まだ全国各地に徴税《ちょうぜい》の仕組みがあったわけではなく、全国的な行政機構が整備されていたわけではありません。

ところが第10代崇神天皇《すじんてんのう》の時代に、全国的な疫病《えきびょう》が大流行するのです。疫病というのはペストやコレラなどの伝染病のことで、ずっと後年の十四世紀にも、中国で発生したペストがユーラシア大陸を席巻してヨーロッパにまでおよびました。このときは、ユーラシア大陸の人口が半分になるという猛威に至っています。崇神天皇《すじんてんのう》の時代の疫病が、どのようなウイルスによるものであったのかはわかりません。しかし古事記はこのときのことを「人民尽《つ》きなむ」と書いているし、日本書紀はそこまでは大げさではありませんが、やはりこのとき「民衆の半分以上が亡くなった(原文：国内多疾疫民有死亡者且大半矣」と書いています。

そこで崇神天皇の時代にスタートしたのが、全国的な衛生環境と行政機構の整備です。これによって崇神天皇は「御肇国天皇《はつくにしらすすめらみこと》」と呼ばれるようになりました。

ではどのようなことがあったでしょうか。詳しく見てみたいと思います。

【あらすじ】

崇神天皇が御即位されてから十二年目《いまでいう六年目》の春3月11日、崇神天皇は次のように詔《みことのり》されました。

「朕が初めて皇位を継いで宗廟《くにいへ》を保《たも》つことになった頃は、国中の光が遮《さえぎ》られ、徳によって国が綏《やす》んぜられることもなく、季節の陰陽《ふゆなつ》も錯綜《さくそう》するかのようで、寒暖の季節の順も失われ、疫病《えきびょう》が流行《はや》って百姓《おほみたから》たちが、たいへんな災《わざわひ》を被《こうむ》った。そこで穢《けがれ》を祓《はら》い、過《あやまち》を改め、敦《あつ》く神祇《あまつかみくにつかみ》を礼《うやま》い、教えを広めて荒《あらぶ》る人たちを緩《やす》ませ、ときには兵を挙《あ》げて服さない人たちを討《う》った。

こうして官庁も廃《すた》れず、民衆にも逸民《かくるたみ》《逃亡する人》もいなくなり、臣民の教化《きょうか》が進められることによって、民衆《おほみたから》の生活にもゆとりができるようになった。また外国から沢を重ねるように大量にやってきた人たちも安心して帰化《きか》した。そこで次の段階として、人民《おほみたから》の長幼の状況（大人や子達の年齢）を調べ、徴税を行うことにした。」

こうして全国に天社《あまつやしろ》、国社《くにつやしろ》、神地《かむどころ》、神戸《かむべ》という、中央政庁から地方の村落に至るまでを総合管理する新たな制度が誕生し、秋9月16日には、初めて人民《おほみたから》の状況調査に基づく徴税と雑徭《ざつよう》が始められました。これを当時は「男の弭調《ゆはずのみつき》、女の手末調《たのすゑのみつき》」と呼びました。そして税を天神地祇《あまつかみくにつかみ》に捧《ささ》げたので、風雨もおさまり、百穀の収穫が可能になり、家々の人手も足《た》りて、天下はおおいに平《たいら》になりました。

これゆえ崇神天皇の御尊称は、御肇国天皇《はつくにしらすすめらみこと》と申します。

㈠ 信仰深い天皇

第10代崇神天皇《すじんてんのう》の字《あざな》は御間城入彦五十瓊殖《みまきいりひこいにゑの》天皇《すめらみこと》で、開化《かいか》天皇の第二子です。母は物部の一族の娘です。19歳で皇太子《ひつぎのみこ》となられました。幼い頃は雄々しいことを好みましたが、長じては慎《つつし》み深くなり、神祇《あまつかみくにつかみ》を重く崇《あが》められるようになられました。

即位四年のときには、「我が皇祖《みおや》や歴代の天皇《すめらみこと》らが宸極《あまつひつぎ》に就《つ》いたことは、自分のためではない。人と神とをつないで天下《あめのした》を経綸《おさ》めるためである。奥深い功業をひろめ、至徳《いたれるうつくしび》を流《し》き、黎元《おほみたから》を愛《めぐ》み育《やしな》おう」と述べられています《原文：惟我皇祖諸天皇等光臨宸極者豈為一身乎。蓋所以司牧人神経綸天下。故能世闡玄功時流至徳》。ところが皇位に就かれてから五年目に、国内で疫病《えきびょう》が広がるのです。

疫病《えきびょう》はおそろしいものです。たとえば十四世紀に発生したペストは、ユーラシア大陸を席巻《せっけん》し、ついにヨーロッパにまで至ってユーラシア大陸の人口を半分以下にしています。何が幸《さいわ》いするのか、わからないものです。この時代の日本は南北朝の時代で、そのおよそ半世紀前に元寇《げんこう》がありました。このため疫病当時は日本は元との国交《こっこう》を断《た》っていたために、我が国にペスト菌が入《はい》らず、被害に遭《あ》わずに済んでいます。しかしそれだけではなく、崇神天皇の時代に始まったある事が我が国を疫病から救っていたのです。

疫病の原因の多くは、いまではウイルスによる感染《かんせん》とわかっていますが、ウイルスが発見されたのはようやく二十世紀初頭になってからのことです。もちろん崇神《すじん》天皇の時代には、まったく原因がわからない。ひたすら神々に祈《いの》るしかなかった時代です。崇神天皇は朝に夕《ゆふべ》に神々に請罪《のみまつ》られました。御神託《ごしんたく》と称《しょう》するものがあれば、ことごとく採用して教えのままに祭祀《いはひまつ》られました。けれどまったく効果があらわれませんでした。

㈡ 神社に手水舎《ちょうずしゃ》をつくる

即位七年のとき、天皇は沐浴斎戒《ゆかはあみものいみ》《水行《すいぎょう》をして穢《けが》れを落とすこと》をされ、また宮殿を潔浄《きよ》められました。そして全国に天社《あまつやしろ》、国社《くにつやしろ》、神地《かむどころ》、神戸《かむべ》を定められました。すると疫病は、たちまちのうちに息《いき》をひそめるようになり、国内はようやくしずまり、百姓《おほみたから》たちもにぎわうようになりました。このときの、

天社《あまつやしろ》は、いわば明治時代の官幣大社です。
国社《くにつやしろ》は、地方の県庁のようなものです。
神地《かむどころ》は、市区郡役場
神戸《かむべ》は、地域の氏神様

と思っていただくとわかりやすいかと思います。

もともと我が国では、各村ごとに神社があり、月に一度は村人たちが神社に集まるという習慣がありました。崇神《すじん》天皇は全国にあるこの神社を統合し、組織化し、中央と地方をつなぐ行政システムの中に取り入れられたのです。そして、このときに崇神天皇が始められたのが、天 社《あまつやしろ》から神戸《かむべ》まで、すべての神社における手水舎《ちょうずしゃ》の設置と、そこでの手洗いと口をゆすぐことの徹底です。この効果はすぐにあらわれ、疫病は瞬《またた》くまに終息して行くのです。

　さらに神社において、神様への奉納米として農家で作ったお米を預かり、これを保

手水舎

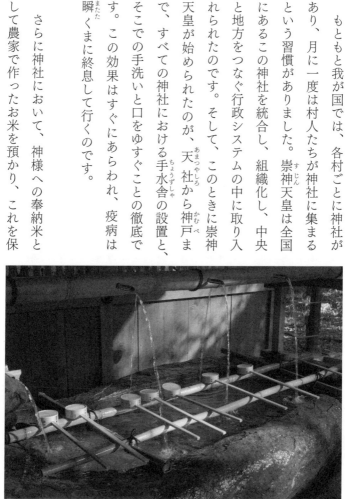

存するようになりました。そのお米から苗を育てて農家に貸し付ける。農家はその苗で田植えをし、出来上がったお米を神社に奉納して、神社がこれを保管します。保管期間は二年です。いざというときには、そのお米を放出することで、民衆を飢えから救います。

つまり、神社において人々の穢《けがれ》を祓《はら》うだけでなく、これを一歩進めて、そもそものお米の備蓄管理を神社で行い、これを統括する政庁を、国社単位《いまでいう県単位》、神地《かむどころ》単位《いまでいう市区郡単位》などに置き、天社《国》がこれらを取りまとめ、さらに朝廷がこれを包括《ほうかつ》管理するという仕組みが構築されたのです。こうして我が国初の全国的な行政ネットワークが構築され、我が国の国家経営の基盤が整えられたことから、崇神天皇は御肇国天 皇《はつくにしらすすめらみこと》と呼ばれるようになられました。

神武天皇のご事績が、災害時にお米の備蓄に余裕のある地域からお米が不足している地域にその都度《つど》「お願いして」お米を分《わ》けていただくというシステムの確立なら、崇神天皇はこれを一歩すすめて、全国的なお米の備蓄管理体制を構築し、手洗いと口をゆすぐことの習慣化と普及によって、国全体の衛生環境の整備をはかられたことになります。日本人はきれい好きな国民と言われ、二一世紀になった今日《こんにち》でも、神社に行けば必ず手水舎があり、参拝する人たちがそこで手洗いをしています。そのことの背景には、崇神天皇のご活躍があったのです。

(三)　疫病があったことの証拠

実は近年の研究によって、いまからおよそ2500年前のちょうど縄文時代と弥生時代の端境期《はざかいき》頃に、たいへんな事態があったことが明らかになりました。東大の研究チームが日本人のDNAの解析から明らかにしたもので、2019年6月に発表になりました。この研究成果によれば、この端境期《はざかいき》の時代に、縄文時代の人口26万人が、突然8万人まで減少したことが明らかにされています。三人のうち二人が亡くなるという事態です。「人民尽《つ》きなむ《古事記》」、「民衆の半分以上が亡くなった《日本書紀》」という事態が、DNAの研究によって実際に起きていたことが確認されたのです。

東大の研究チームは「寒冷化のためではないか」と推測していますがその被害状況を記紀の記述と突《つ》き合《あ》わせれば、むしろ人口減は崇神天皇の時代の出来事の記述と一致します。

そして崇神天皇によって、衛生管理が進められたことにより、その後の日本で何が起こったか。このことも東大の研究チームが明らかにしました。なんと日本の人口がボトム期の8万人から、なんと67万人にまで増加したのです。8倍以上です。

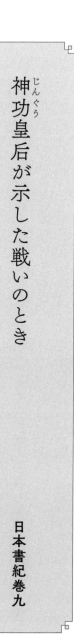

神功《じんぐう》皇后が示した戦いのとき

日本書紀巻九

神功皇后《じんぐうこうごう》といえば三韓征伐《さんかんせいばつ》が有名で、妊娠中の身重なお身体《からだ》で朝鮮半島に果敢《かかん》に兵を進め、半島の三つの国を従《したが》えた皇后として有名です。実際にどのようなことがあったのか、その背景とともに学んでみたいと思います。

【あらすじ】

神功皇后《じんぐうこうごう》は、第14代仲哀天皇《ちゅうあいてんのう》の皇后《おほきさき》で、諱《いみな》を気長足姫尊《おきながたらしのひめのみこと》といいます。第9代の開化《かいか》天皇の曽孫《ひまご》の娘で、第14代仲哀《ちゅうあい》天皇の御即位二年のときに皇后になられました。幼《おさな》い頃から聡明《さと》く叡智《さか》しく、あまりに美人であったため、父の王が「人間離れした霊格《れいかく》を持つ娘」と思っていたほどでした《原文：幼而聡明叡智貌容壮麗父王異焉》。

仲哀天皇の即位から8年目のとき、熊襲《くまそ》の反乱があり、天皇は熊襲討伐《くまそとうばつ》のための会議に臨《のぞ》まれました。このとき神様が神功皇后に降《お》りて「征伐《せいばつ》すべきは新羅《しらぎ》である」と神託《しんたく》されました。しかし仲哀天皇はこれをあやしんで熊襲《くまそ》討伐軍を起こし、その途上で崩御されてしまわれました。

このとき神功皇后のお腹《なか》には赤ちゃんがいました《その赤ちゃんが後の応神《おうじん》天皇となられるのは、また後の話です》が、神功皇后はたちまち男装すると、筑紫から玄界灘《げんかいなだ》を渡って朝鮮半島に出兵し、新羅王《しらぎおう》のもとに迫《せま》りました。その勢いは「船が山に登らんばかり」で、新羅王の波沙寐錦《はさむきん》は驚いて、

「吾《われ》聞く、東に日本という神国有り。また天皇という聖王あり」というと、戦わずに降伏し、金・銀・絹を献上《けんじょう》するとともに、以後毎年の朝貢《ちょうこう》を約束しました。そして王族の微叱己知《みしこち》を人質に差し出しました。

そしてこの噂《うわさ》を聞いた朝鮮半島の百済と高句麗もまた、倭国《わこく》《日本のこと》に王子を

人質に出して朝貢するようになりました。

㈠　神々の御神託《ごしんたく》

九州の熊襲《くまそ》は、度々《たびたび》大和朝廷に反乱を起こしたことが記録によく出てきます。これには理由があります。熊襲の住むエリアは火山灰土で、水が地面に染み込んでしまうために稲作に馴染《なじ》まないのです。ですからいきおい食生活は縄文以来の狩猟採集によることになります。ところがそうなると大和朝廷の国是《こくぜ》である「災害に備えての全国的な食料の備蓄と融通」という仕組《しく》みに馴染《なじ》みません。そのため熊襲の調《みつぎ》《税のこと》は、もっぱら軍役や労役が中心となりました。古代のことですから事故や怪我、あるいはお亡くなりになる方も多かったことでしょう。それによって親兄弟に不幸があれば熊襲の人たちが「もう金輪際《こんりんざい》、調《みつぎ》には応じられない」という気持ちになるのも無理からぬことです。そしてそれが重なれば、ついには反乱に至ります。一方、大和朝廷にしてみれば、公平性の観点から、熊襲の人たちだけを非課税にするわけにはいきません。そこで反乱が起きる、討伐《とうばつ》軍を起こす、ということの繰り返しになってしまうわけです。ところがその討伐軍の派遣を検討する会議において、神功皇后が神がかりになって「新羅《しらぎ》を攻《せ》めよ」と言うのです。ここは原文が「託皇后」となっていますので、神々が神功皇后に御神意《ごしんい》を託したということになります。

神託は「熊襲よりも、もっと宝となる国がある。それはたとえば乙女が瞳《睩》を輝かせて見るような、津《つ》の向こう側にある国である。目も輝《かがや》くような黄金、銀、そして麗《うるわ》しい色彩《しきさい》にあふれた栲衾新羅国《たくぶすまのしらぎのくに》である。《原文：愈茲国而有宝国、譬如処女之睩、有向津国、眼炎之金銀彩色多在其国、是謂栲衾新羅国》」というものでした。上辺《うわべ》だけ読むと、あたかも新羅《しらぎ》が金銀財宝に彩《いろど》られた豊かな国であるようですが、よく見ると「栲衾新羅国《たくぶすまのしらぎのくに》」と書かれています。栲衾《たくぶすま》というのは「楮《こうぞ》などの繊維から作った夜具《やぐ》《布団《ふとん》》のことだから新羅の枕詞《まくらことば》である」などと説明されるのですが、布団と新羅がどう関係するのか、意味がわかりません。そこで「栲衾」という字をよく見ると、栲とはそもそも木で叩くという意味の字です。衾はいまでいう布団《ふとん》のことです。布団《ふとん》は叩《たた》くものではなくて、寝るためのものですから、叩《たた》くのは意味がありません。要するに「意味のないことでうるさく騒《さわ》ぎ立てる傾向がある国」ということを「栲衾国《たくぶすまのくに》」と形容《けいよう》しているということになります。うるさいことを「五月蠅《うるさ》い」と書きますが「栲衾国」も同じような意味になります。

そもそも金銀は倭国の方がはるかに多くを産出しますし、染料も倭国の方が豊富です。

(二)　神功皇后の三韓征伐《さんかんせいばつ》

神功皇后《じんぐうこうごう》の御神託《ごしんたく》を聞いても、男性である仲哀《ちゅうあい》天皇には、なぜ新羅を攻《せ》めなければならないのか、その意味がわかりません。目の前の問題は熊襲の反乱であり、わざわざ海を越えて新羅に攻め込んだとしても、倭国《わこく》《日本のこと。以下同じ》には何のメリットもないのです。群臣《ぐんしん》たちもやはり意味が理解できない。ですから仲哀天皇は当初の計画通り熊襲征伐に向かわれます《原文：天皇猶不信、以強撃熊襲》。ところがそのときの戦いで皇軍は熊襲に敗北してしまう。さらにその半年後には、仲哀天皇が病気のために崩御《かむあがり》されてしまわれるのです。

　神功皇后は、神々になぜ夫が崩御《かむあがり》されたのかをうかがいました。そして神々の御神《ごしん》託《たく》通りに神々をお祀《まつ》りすると熊襲は戦わずして大和朝廷に服属を誓いました。さらに御神託をうかがうと、やはり新羅を討《う》てという。そこで神功皇后は一大決心のもと、ついに軍を起こして新羅に攻め込むわけです。

　驚いた新羅は、倭国に毎年の朝貢《ちょうこう》を誓《ちか》い、王国の跡取《あとと》り王子を倭国に人質に出すことを誓います。そしてこれを聞いた百済《くだら》と高句麗《こうくり》も、同じく朝貢と人質を誓いました。これが世にいう「神功皇后の三韓征伐《さんかんせいばつ》」です。

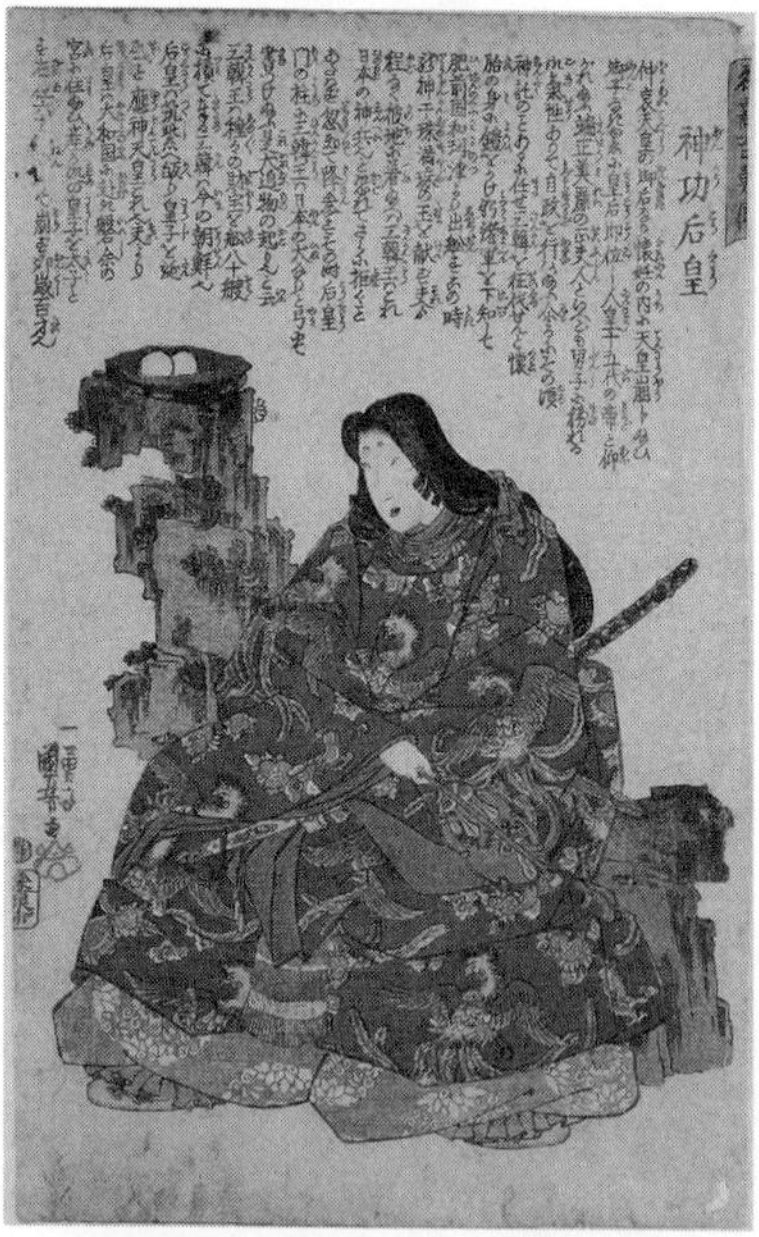

『名高百勇伝』（神功皇后）歌川国芳 作

この王子を人質に出すという仕組みは、この後、国内においては源氏の制度となり、そのまま元の大帝国の根幹となる制度となっていきました。その事始めが、慈愛《じあい》を根本とする女性の皇后《おほきさき》が出発点となっていたことは、我が国の歴史として特筆すべきことであろうと思います。

(三)　神々の御神意《ごしんい》

それにしても、新羅を攻め、またそのために仲哀天皇を崩御《かむあがり》までさせた御神意《ごしんい》の本意《ほんい》はどこにあったのでしょうか。実は、その後の歴史を振り返ってみますと、世界史を動かすような驚くべきことがわかるのです。

倭国に朝貢を誓った新羅ですが、百済《くだら》や高句麗《こうくり》が約束どおりにキチンと毎年の朝貢を行い、人質も出したのに対し、新羅はたびたび朝貢を怠《おこた》るのみならず、百済の土地をおびやかしたり、高句麗の朝貢《みつき》の使節《しせつ》を襲って財物を盗んだりといった行動を繰り返します。なかでも困《こま》っていたのが高句麗で、高句麗は倭国に朝貢する際には、どうしても新羅の領土を通らなければならない。ところがその使節が新羅によって襲われてしまうことから、ついに高句麗は、これ以上倭国への朝貢《みつき》を続けることができないとして、倭国の庇護《ひご》を離れて自立自存の道を進み始めるのです。そしてそのために高句麗は、国をあげて軍事力の強化を図りました。

そして六世紀の終わりに、それまで内紛ばかりを繰り返していた中国にはじめて隋《ずい》という軍事大国が生まれます。隋《ずい》は高句麗を従えるために再三にわたって高句麗に攻めかかるのですが、とにかく高句麗が強い。結果、隋《ずい》は高句麗との戦いで疲弊《ひへい》し、国が滅《ほろ》んでしまいます。次に起きた唐《とう》は、高句麗との正面対決を避けて、唐から見て高句麗の背後にあたる新羅《しらぎ》と結び、高句麗を攻《せ》め滅《ほろ》ぼします。このときに先に百済《くだら》も滅《ほろ》んでいます。

しかしこの歴史の流れを冷静にみたとき、もし、高句麗がそれ以前に自立自存の道を選んでいなかったら、あるいは軍事強国の道を選んでいなかったら、隋は瞬《また》くまに高句麗、新羅、百済の三国を攻め滅ぼして併呑《へいどん》《＝併合し呑《の》み込むこと》していたことでしょう。そしてその余勢《よせい》を駆《か》って倭国にまで攻め込んで来ていたかもしれません。こうなると、隋と半島の連合軍がまとめて日本に攻めかかることになります。これはおそろしい事態です。つまり神功皇后が新羅を落としたことで、高句麗も一時は倭国《わこく》に平和裏に吸収されるのですが、新羅が暴《あば》れまわることで、高句麗は自立自存のために、倭国から離れて自国の軍事力の強化を図《はか》らざるを得《え》なくなる。そしてこのことによって中国に隋《ずい》という巨大軍事帝国が誕生したときに、我が国は無事に過ごすことができるようになったわけです。このように考えますと、神々の御神託の凄《すご》みをあらためて感じさせられます。

このように歴史を「ＩＦで考えることは禁物《きんもつ》だ」という人がいますが、歴史というのは、過去にあった事実を論理的《ろんりてき》かつ再現可能性《さいげんかのうせい》をもって記述《きじゅつ》したものを言います。再現にあたっての歴史のファンタジー化は論外《ろんがい》ですが、論理的に歴史を再現したうえで、ではそのときの施政者《しせいしゃ》が自分であったならと考えることは、まさに企業研修等におけるケーススタディと同じで、たいへんに有意義なものです。

神功皇后の三韓征伐は、神々の御神託の深さを私たちに教えてくれます。前にも書きましたが、神々の世界には時間軸がありません。逆に言えば時間軸さえも超越されているのが神々です。一方、未来の選択肢《せんたくし》は、幾万通りもあります。そのなかでいまはつらかったり、理解できないかもしれないけれど、結果として最も良い選択となる道を神々はちゃんと示してくださるのです。

御神託を得たときには、目の前の状況やわずかばかりの経験からくる判断で御神託を曲げるのではなく、素直な気持ちで御神託を受け入れることが大切であることを、神功皇后の三韓征伐は教えてくれているといえるのではないでしょうか。

国家の基本を示された仁徳天皇

日本書紀巻十一

第16代仁徳天皇《にんとくてんのう》は「民のカマドのけむり」の逸話でたいへんに有名な天皇です。またその御陵《みささぎ》は、我が国最大の古墳であり、２０１９年には世界遺産にも登録されました。この古墳は日本書紀には御即位67年冬10月に、これを陵地《みささぎのところ》と定められたとあります。崩御《かむあがり》されたのが御即位87年ですから、およそ20年かけて、御陵《みささぎ》の建設が行《おこな》われたことになります。仁徳天皇の足跡《そくせき》は偉大で、後年の歴代天皇の模範とされました。また仁徳天皇の時代には、中国にあった呉《ご》の国も仁徳天皇に朝貢《みつぎ》しており、当時の倭国の勢いをうかがわせるものとなっています。

1　民のカマドの煙

【あらすじ】

前節でご案内した神功皇后《じんぐうこうごう》の子が応神天皇《おうじんてんのう》《誉田天皇《ほむたのすめらみこと》》で、その第四子が仁徳天皇《にんとくてんのう》《大鷦鷯天皇《おほさざきのすめらみこと》》です。幼《いとけな》い頃から聡明《さと》く叡智《さか》しく、貌容《みかたちみすがた》とも美麗《うるは》しく、壮《をとこざかり》になる頃には仁寛慈恵《めぐみうつくし》くまされる方であったと記《しる》されています。

天皇《すめらみこと》に御即位されたときも、それまでの難波のお住まいを、そのまま高津宮《たかつのみや》とされました。しかも天皇は農耕をしている人たちの手を留めてはならないからと、皇居の造営に何の装飾も施《ほどこ》されませんでした。豪華な装飾は「天皇の私事《わたくしごと》にすぎない」とお考えになられたからです。

即位4年2月6日、仁徳天皇は群臣《まへつきみたち》に次のように詔《みことのり》されました。

「朕《われ》が高台に登って観《み》たところ、炊飯《すいはん》する煙《けむり》が国のうちに立ち昇《のぼ》っていない。思うにこれは百姓《おほみたから》たちが貧《まず》しくて、家にお米がないからではないだろうか。古《いにしへ》の聖王《ひじりのきみ》の御世《みよ》には、人々は聖王を褒《ほ》める声をあげて、それぞれの家が康《やすらか》であったという。皇位に就いて4年目になるが、百姓《おほみたから》たちは、五穀《いつつのたなつもの》が稔《みの》らずに窮乏《せまりとも》しているのではないか。畿内《うちつくに》ですらそうなのだから、畿外《とつくに》はなおひどいことだろう。」

そして翌月天皇は、「いまより後、三年《みとせ》に至るまで、課役《えつき》を除《や》めよ」とお命じになります。そしてこの日から、衣服や履物も新調せず、あたたかなご飯や暖羹《あつもの》まで、酸《す》っぱくなるまで易《か》えませんでした。そして心を研ぎ、しずかに日々の御公務に邁進《まいしん》なさいました。このため皇居の垣根《かきね》は崩《やぶ》れ、屋根にも穴が空《あ》いて、室内から星がみえてしまうほどになりました。

一方、この後、気象状況が良かったことも在り、五穀《いつつのたなつもの》は豊穣《ゆたか》になり、三年後には百姓《おほみたから》の生活は、たいへんに富寛《ゆたか》なものとなりました。民の竈《かまど》の煙も繁《しげ》く立ち昇るようになりました。

ある日、天皇は台《たかどの》の上《へ》にまされ、遠《はるか》に望《みのぞ》みされたときも、煙気《けぶり》がたくさん立ち昇っていました。天皇はかたわらにおいでの皇后《おほきさき》に語られました。

「朕《われ》はすでに富んだ。これ以上に愁《うれひ》はない。」

これを聞いた皇后が言いました。

「どうして富んだといえるのですか。」

天皇は仰《おっしゃ》られました。

「炊飯の煙が国に満ちている。百姓《おほみたから》たちが豊かになったではないか。」

皇后がまた申されます。

「皇居の宮垣《みかき》も崩れたまま修理もされず、御殿の屋根も襖《ふすま》も穴だらけ。衣の裾《すそ》もボロボロで露に濡れています。これでどうして富んだといえるのですか。」

天皇は仰られました。

「天《あめ》が君《きみ》をたてるのは、百姓《おほみたから》のためなのだ。そうであるならば君《きみ》は百姓《おほみたから》をこそ根本としなければならない。古《いにしへ》の聖王《ひじりのきみ》は、ひとりの人も飢《う》え寒《こご》ゆるときは、顧《かへり》みて身を責《せ》めたという。ゆえに、百姓《おほみたから》が貧《まづ》しければ朕《われ》も貧しく、百姓《おほみたから》が富めるときは、朕《われ》もまた富めるのだ。百姓が富んで、君が貧しいということはない。」

その半年後の9月、諸国《くにぐに》が天皇に次のように請《もう》しました。

「課《おほせ》も役《つかふ》こともともに免《ゆる》されて、既《すで》に三年《みとせ》が経《た》ちました。これによって宮殿《おほとの》は朽《く》ち壊《こぼ》れて、府庫《みくら》も空《から》になっていると聞きます。いま百姓《おほみたから》は富み饒《ゆたか》になり、道に落ちたものも拾《ひろ》わないほどです。里に独《ひと》り者もいないし、家にはたくさんの儲《たくわへ》もできるようになりました。もしこのときにあたって、税調《おもほちみつき》を貢《たてまつ》り、宮室《おほみや》を修理《つくろ》はないならば、我々が天罰を受けてしまいます。」

けれど天皇は、なお忍んで、これをお聞き届けになりませんでした。

そしてその三年後の10月になって、ようやく課役《えつき》を科《おほ》せになり、宮室《おほみや》の修繕をお認めになられました。百姓《おほみたから》たちは、領《うなが》されずして、老《おいたる》を扶《たす》け、幼《わか》きを携《たずさ》えて、材を運び、簀《こ》を背負《せお》って、日夜《ひるよる》を問《い》わずに、力をつくして競い合って修理を行いました。これによって、いくばくの時を経《へ》ずに、宮室《おほみや》は修繕されました。そして誰もが天皇のことを「聖帝《ひじりのみかど》」と褒《ほ》めました。

(一)　天皇の私事《わたくしごと》にすぎない

天皇が即位されると、新たな都を築造するのがこの時代までのならわしです。雑木《ぞうき》林《ばやし》だったところや荒《あ》れ地に都を新造するとなると、土地開発や水路をひくための大規模な工事、および皇居や都の行政官舎を新築するために、大規模な公共工事が必要になります。工事には当然、賃金が支払われますから《当時は絹やお米を賃金とした》、百姓《おほみたから》にとっては、それらは臨時の収入になることでした。ですから都の新造は、いわば経済の活性化につながったわけです。わかりやすくいえば、労働をともなうお年玉みたいなものです。皇位に御即《つ》位かれたときに恩赦《おんしゃ》といって受刑中の者たちの罪一等が減じられるのも同じ理由です。

ところが仁徳天皇は、即位されたときにこれをなさいませんでした。それまでにお住まいになられていた宮をそのまま皇居としてお使いになり、特別な装飾もほどこされなければ、都の造営もなされない。豪華な装飾は「天皇の私事《わたくしごと》にすぎない」というわけです。しかし公共工事が民間経済を潤《うるお》すことも事実です。民間の間には、不満もあったことでしょう。なにせお父さんが今年はお年玉をくれないのです。なぜそれをなされなかったのか。その理由が次に明かされます。それが「民のカマドの煙」です。

(二)　カマドの煙《けむり》

「ある日仁徳天皇が高台に登って国を見たときに」という表現から始まりますが、実際にはここは、それ以前から《つまり皇位に就かれる以前から》民衆の経済状態が悪化していることを天皇はご心配なされていたと読むべきです。当時の経済は農本経済ですから、要するに凶作が続いていたということで、凶作が続けば食べるものがなくなり、少しでも生活を続けるためには、温《あたた》かいご飯を炊《た》かず、冷たい生ものをいただくしかなくなります。つまり、カマドに炊飯の煙が立たなくなるのです。《念のため申し上げますが、当時は電子炊飯器などありません。薪《まき》を割ってカマドで火を炊《た》いてご飯を作ったのです。そうするとカマドの煙突から白い煙が上がります。》

このことをご心配なさった天皇は、向こう三年の課役《えつき》を免除されます。課役《えつき》というのは「課」がお米などの納税で、「役」が公共工事などへの労働奉仕です。これが御神意にかなったものであったためか、気象条件が良くなり、豊作が続き、わずか三年で民衆の生活はとても改善されていきます。これを見て仁徳天皇は「朕《われ》はすでに富んだ」と述べられ、諸侯は「課役を払います」と申し出るのですが、尚三年、仁徳天皇は税の免除を続けられます。このため皇居は屋根に穴が空いて、夜になると室内から星空が見えるようにまでなってしまいます。天皇皇后両陛下のお着物までボロボロになってしまう。

このときの皇后《おほきさき》との対話が日本書紀に掲載されていますが、この会話に登場する皇后が磐媛皇后《いはひめのおほきさき》で、拙著『ねずさんの奇跡の国 日本がわかる万葉集』で、この皇后の素晴らしい和歌をご紹介しています。

さて、実は当時の倭国というのは、三国志で有名な呉の国も倭国に朝貢してきていたほどの東アジアの大国です。遠くの国から倭国の天皇のもとにやってきたら、皇居はボロボロ、天皇の御着衣も継《つ》ぎ接《は》ぎだらけというのでは、いくらなんでも格好《かっこう》がつきません。諸侯が心配するのも頷《うなづ》けます。それでも天皇は課役をされない。そしてようやく六年目にして課役を復活させるのです。

(三)　報恩感謝の心

このときの民の様子を日本書紀は次のように活写しています。

「百姓《おほみたから》、不領《うながされず》して老《おいたる》を扶《たす》け幼《わか》きを携《たづさ》えて材を運び簣《こ》を負い、日夜をいとわず力を尽くして争い作る。いまだ幾ばくを経ずして宮殿ことごとく成りぬ。故《ゆゑ》に今に聖《ひじりのみかど》帝と称《よ》び奉《たてまつ》る」

《原文：百姓之不領而扶老携幼、運材負簣不問日夜竭力競作。是以未経幾時而宮室悉成。故於今称聖帝也。》

民衆は仁徳天皇に深く感謝し、誰に強制されるわけでもなく誰に促《うなが》されるわけでもなく、みずから進んで材料を運び、荷物を背負って荒れた皇宮を修理したというのです。それも昼夜をいとわず、力を尽くし、まるで争《あらそ》うように競《きそ》い合って皇宮の修理にあたったと書かれています。このためいくばくもなく皇宮はきれいに修繕《しゅうぜん》されました。ただ減税してもらって良かったというだけでなく、民もまた報恩感謝《ほうおんかんしゃ》の心を忘れていないのです。

天皇にご即位されたときには、伝統を破って都の造営もなさらず、もしかすると民のなかには、今度の天皇はケチだ、などと御不敬な考えを抱《いだ》いた人もいたかもしれません。しかし深いお考えであったことにあとから気付く。こうした事例は我が国の歴史には度々あります。

(四) 六年の減税措置の理由

我が国の税は、江戸時代までずっとお米がその中心となりましたが、そのお米は二年間備蓄し、三年経った古々米から取り崩して食べるのが古代からの習慣です。この備蓄米のことをお蔵米《くらまい》といいます。なぜ備蓄するのかといえば、災害時などの非常時のための備蓄食糧とするためです。つまり税を払う民衆の側からみると、いざ災害というときには、自分たちが納《おさ》めた税以上に、お米が還《かえ》ってくるのです。したがって調《みつぎ》《=年貢》

は、いざというときのための災害保険のような側面があったのです。

三年経過してカマドの煙がよく立つようになった時点では、ようやくその年に費消《つか》うお蔵米が整ったばかりの情況です。まだ公共工事のために、工事代金として民衆にお米を配る「支払う」だけの余力はありません。そこでなお多くのお米を備蓄するために、仁徳天皇は、さらに三年の税の減免を行われました。こうして民間に十分な活力《お米の備蓄》を育成したうえで、仁徳天皇は次の2で述べる大規模土木工事に打って出られます。災害の多い日本では、堤防工事などの水害対策は不可欠ですし、民衆がより豊かに暮らすためには大規模な水田開発もまた不可欠だからです。

2　大規模公共工事

【あらすじ】

前抄で民間の活力が盛んになり、またお米を十分に備蓄《たくわえ》られた仁徳天皇は、翌年からまる三年をかけて大規模な土木工事を推進されます。ここは箇条書きの方がわかりやすいと思いますので、次に示します。

一　難波《なにわ》の堀江《ほりえ》の開削《かいさく》。

二　茨田堤《まんだのつつみ》《大阪府寝屋川市付近》の築造《日本最初の大規模土木事業》

三　山背《やませ》の栗隈県《くるくまのあがた》《京都府城陽市西北～久世郡久御山町あたり》に灌漑用水《かんがいようすい》を築造。

四　茨田屯倉《まむたのみやけ》を設立。

五　和珥池《わにのいけ》《奈良市》を築造。

六　横野堤《よこののつつみ》《大阪市生野区》を築造。

七　灌漑用水として感玖大溝《こむくのおおみぞ》《大阪府南河内郡河南町辺り》を掘削《くっさく》して広大な田地を開拓。

(一)　大規模土木工事

いまの大阪市があるあたりは、もともと海で、大きな湾を形成していました。その湾を堺市の方から海沿いに伸びてきた砂州がちょうど人差し指を一本立てたような形に伸びてきて、しまいに湾を塞《ふさ》ぎ、大阪市のあたり一帯が湖《みずうみ》になりました。仁徳天皇の時代には、こうしてできた湖に土砂が堆積《たいせき》して、浅いけれど広い湖になっていた時代です。湾の出口がふさがっているところに、淀川などの河川から水が流れ込むのですから、当然、そのようになるわけです。

そこで仁徳天皇は、湖の水を外洋に排出するために、砂州の中ほどに水路をつくって、湖の水を外洋に流し出すようにしました。これが難波《なにわ》の堀江《ほりえ》です。また、湿地帯に流れ込んできていた淀川の河口が、いまの寝屋川市付近にあったのですが、そこに巨大な堤防を築造し、さらにそこに米蔵としての屯倉《みやけ》を築造します。また増水対策として奈良にダム湖である和珥池《わにのいけ》を造営、こうして大規模な土木工事を起こすことで、いま大阪市となっているあたり一帯を、広大な水田地帯に土地改良されるのです。開発面積を考えたら、どれだけのお米の増産が可能になったか。そしてお米が増えた分だけ、人口も増えるのです。それは国民として幸せなことです。

(二) 人柱《ひとばしら》

ちなみにこのときに行われた巨大土木工事のひとつに、茨田堤《まんだのつつみ》があります。この工事に際して、日本書紀に次の記載があります。

「どうしても決壊してしまう場所が二か所あった。工事の成功を期して、それぞれの箇所に一人ずつの河伯《かはく》《川の神》への人柱《ひとばしら》を立てることになった。犠牲《ぎせい》に選ばれたのは、武蔵の住人の強頸《こわくび》と、河内《かはち》の住人の茨田連衫子《まむたのむらじのころものこ》であった。強頸《こわくび》は泣きながら入水していき、衫子《ころものこ》はヒョウタンを使った頓知《とんち》で死を免《まぬが》れた。結果として二か所とも工事は成功し、それぞれ強頸《こわくび》の断間《たえま》、衫子《ころものこ》の断間《たえま》と呼ばれた。」

工事は、人柱を立てなければならないほどに、困難なものであったわけです。その人柱に際して、ひとりはお亡くなりになってしまい、もうひとりは頓智《とんち》で生き延びました。そしてその両方の人の名を顕彰《けんしょう》して、いまなお、地名にそれを刻んでいるのです。

㈢　土木技術の蓄積

あたりまえのことですが、大規模土木工事の「技術」は、一朝一夕に出来るものではありません。長い歳月にわたる高度な技術の蓄積がなければできないことです。ただ盛土しただけなら、雨が降ったら簡単に押し流されてしまうからです。土石流《どせきりゅう》の力はそれほどまでに巨大なのです。こうした技術が開発され、定着するには何代にもわたる土木技術の積み重ねがなければなりません。そしてこうした大規模土木工事を、誰のためにするかといえば、地域の人々の生活が少しでも豊かになるようにと行われるものです。ここにも仁徳天皇の、「豪華な装飾は天皇の私事《わたくしごと》にすぎない」という姿勢が伺《うかが》えます。

富は、支配者が贅沢《ぜいたく》をするものでもなければ貯め込むものでもありません。だいたいお米を貯め込んでも、いたんでしまいます。お米は、民衆のために遣《つか》われてこそ活《い》きるものです。これが、江戸時代まで日本がずっと年貢や武士の俸禄《ほうろく》にお米を用いてきた理由です。お金はお金持ちの懐《ふところ》に貯め込まれて行きますが、お米は、人々の暮らしのためにつかわざるを得ないものだからです。

またこうして造られた田畑のことを「屯倉《みやけ》」と言いますが、近年の参考図書などを見ると「皇族や貴族の直轄の田畑である」などとのみ記述しているものが多いです。たいへんに紛《まぎ》らわしい表現だと思います。「屯」という字は「たくわえる」を意味し、「倉」は貯蔵庫です。要するに災害などに備えて、お米などを蓄《たくわ》えておく施設だから「屯倉《みやけ》」です。何のために誰のために蓄《たくわ》えるのかといえば、災害対策のためであり民衆のためです。そしてそのことは、神武《じんむ》天皇以来の、災害対策国家としての我が国の国是です。

3　仁徳天皇陵

【あらすじ】

天皇に即位してから67年目の10月5日、仁徳天皇は河内《かうち》の石津原《いすづはら》《現在の大阪府堺市付近》に行幸され、陵地《みささぎのところ》を定《さだ》められました。そしてこの月の18日に工事が着工となりました。この日に鹿が野から現《あらわ》れ、工事をしている人たちの中にまで入って仆《たふ》れて死にました。不思議に思って鹿の傷を調べてみると、百舌鳥《もず》が耳から出てきて飛び去りました。耳の中はことごとく食いちぎられていました。そこでこの土地は、百舌鳥耳原《もずのみみのはら》と呼ばれるようになりました。

即位から87年目の正月16日に仁徳天皇は崩《かむあが》られました。ご遺体は百舌鳥野陵《もずのみささぎ》に葬《ほうむ》られました。

(一)　土地造成の結果としての古墳

仁徳天皇といえば古墳が有名ですが、古墳もまた土木工事の結果できあがるものです。「古墳は豪族たちが権威を誇示するために民衆を使役して強制的に作らせた墳墓である」という説を唱えておいでの方もいらっしゃりますが、仁徳天皇陵は日本最大の古墳です。なるほど日本書紀の記述を見れば、天皇が陵地《みささぎのところ》を定められたとあります。たしかにその通りなのでしょう。そうでなければ、あれだけ巨大な盛土《もりど》は構築できません。ただし、それは天皇の権威を示すというだけのものではないことは、それ以前の記述に明らかです。仁徳天皇は畿内に巨大な土木事業を次々に起こされた偉大な天皇です。仁徳天皇陵のある堺市は広大な平野で、いまは住宅や商店街が広がっていますが、ほんの少し昔までは、そこは広大な水田地帯だったところです。そして水田は、人が土木作業を行わなければ決して生まれないものです。さらにいうと平野部を開墾して田をつくり、水路をひくと、必ず残土が生まれます。その残土は、現代はダンプカーで港湾等に運んで埋立《うめたて》工事などに用いますが、仁徳天皇の時代にダンプカーはありません。余った土砂は何らかの形で開墾地内に盛土していく必要があったのです。盛土は、計画的に岩、石、砂、土を順に盛らないと、雨が降ったときに崩れて、付近に土砂災害を起こしてしまいます。つまり、御陵《みささぎ》の築造と、周囲の水田開拓はセットで行われるものであったということです。

なぜそのように言えるのか。これには大林組が当時の工法で仁徳天皇陵を築造した場合の試算があります。結論から申し上げると次のとおりです。

総工期　　15年8ヶ月
総作業員数　681万人

総工費　　７９６億円（１９８５年の貨幣価値換算）

この試算は工期の間、人々が工事だけを行った場合の計算です。炊飯等の雑役の要員数は加えてありますが、その人たちの食べ物を農業生産する人たちの人数は計算外です。そして当時の日本の人口は、全国で五百万人前後。そのうち半数が男性、そのまた半数が老人と子たちとすると、いわゆる働き手の人口は一二五万程度です。仁徳天皇が陵地を決められてから崩御までを20年と日本書紀は書いていますが、当時の一年は、いまでいう半年のことですから、いまの暦《こよみ》でいえば、十年でこの工事を完成させたことになります。しかも御陵《みささぎ》を築いた人たちは、同時に農夫でもあって、農繁期には、御陵の工事に参加できません。したがって農閑期にしか工事作業ができないのに、理論的に15年かかる工事が10年で出来上がっているのです。ということは、すでに事前にある程度、御陵の元になる盛土が形成されていたということです。仁徳天皇がそこを御陵と決められたので、すでにある盛土を御陵として整備するのに、いまの暦でいう10年を要したのです。言い直しますと、長年かけて開拓されてきた堺市あたりの水田造営のために形成されていた盛土を、仁徳天皇が御陵にしたいと仰《おお》せになられたので、それから正味10年をかけて御陵《みささぎ》としての整備を行ったと、日本書紀は書いているのです。

ちなみに我が国の古墳は、土地の造成が進むにしたがって、どんどん大きなものとなっていき、そのピークが仁徳天皇陵です。ですから仁徳天皇陵は我が国最大の古墳です。けれど、この後は古墳はだんだん小さくなっていき、最後にはまったく造《つく》られなくなりました。なぜでしょう。答えは簡単です。田んぼの水路が完成していったからです。水路ができれば、余った残土は、農地内に盛土をするのではなく、堤防づくりに用いられます。なぜなら堤防まで土砂を運ぶ船を、水路に浮かべることができるからです。

(二) マナの壺《つぼ》

仁徳天皇陵は一般に前方後円墳といわれていますが、よく見ると円墳と方墳の接合部のところに二つの出っ張りが造られています。ですから上から見ると、古代のペルシャ人がお米を保管するのに使った「マナの壺《つぼ》」とそっくり同じ形をしています。つまり仁徳天皇陵の形そのものが、稲作のために築造されたことを見事に証明しています。我が国はもともと海洋民族です。そして人は移動することができる生き物です。ペルシャと交流がなかったと考えるほうが、むしろおかしいと思います。

㈢　絹織物工業の振興

さて、日本書紀には、仁徳天皇御即位58年に、呉国《ごのくに》・高麗国《こまのくに》が朝貢《みつき》をしてきたとの記述があります《原文：五十八年夏五月《中略》冬十月、呉国高麗国並朝貢》。高麗《こま》はいまの北朝鮮あたりにあった国で、それ以前にも何度も倭国《わこく》《＝日本のこと》に朝貢してきていますが、呉は珍しい。呉は中国の江南にあった国で、三国志に出てくる魏蜀呉の、呉です。

実はこの呉国の朝貢には伏線《ふくせん》があります。仁徳《にんとく》天皇の父の応神《おうじん》天皇の即位37年のときに、日本は呉国に縫工女《ぬいめ》を求めるために阿知使主《あちのおみ》と都加使主《つかのおみ》を派遣しているのです。二人は朝鮮半島を北上して高句麗に至り、そこで呉国への案内を高句麗王に依頼して道案内の人を付けてもらい、呉国に至っています。呉王は、倭国からの使者をたいへんによろこび、縫工女《ぬいめ》の兄媛《えひめ》、弟媛《おとひめ》、呉織《くれはとり》・穴織《あなはとり》という四人の婦女を与えてくれ、倭国の使者はその女性たちを連《つ》れ帰っています。

この縫工女《ぬいめ》たちは呉の絹織物《きぬおりもの》の縫製《ほうせい》の専門家たちです。呉の絹織物は、倭国のものと縫製方法が異《こと》なっていたため、倭国では貴重品で、その技術を受け入れたいと願ったのです。古代中国では倭国は東の海上に浮かぶ蓬萊山《ほうらいさん》と呼ばれ、まるで天国のような国とされていましたから、倭国に行くことは、いわば天国に向かうようなもので、たいへんに喜ばれたわけです。それが仁徳天皇58年（つまり仁徳天皇即位後29年目）の出来事です。朝貢を行うということは、臣下の礼をとるということです。食べ物が豊富にあり、大量の金銀財宝に恵まれ、人々が互いに助け合い、殺し合いや戦《いくさ》のない我が国は、古代においてまさに天国のような蓬萊山《ほうらいさん》の国そのものであったのです。そしてこのことがきっかけとなり、我が国では、全国で桑畑と養蚕《ようさん》《蚕《かいこ》の養育《よういく》のこと》、そして絹糸《きぬいと》、絹織物《きぬおりもの》の生産が活発化していきました。そして明治維新のとき、また戦後の復興期において、我が国の絹織物生産は、貴重な輸出産業となり、国を潤《うるお》しました。その原点は仁徳天皇の御事績にあったのです。

コラム　神武東征は天孫降臨の一七〇万年後？《時間の概念の不思議》

本抄のあらすじには書かなかったのですが、神武天皇が宮崎を出発する前、兄たちと語り合ったときに、実は神武天皇の言葉として、「瓊瓊杵尊《ににぎのみこと》が天孫降臨されたときから179万2470余歳《とせあまり》が経過した《原文：自天祖降跡以逮于今一百七十九万二千四百七十余歳》」と述べられたという記述が日本書紀の本文にあります。ネアンデルタールのような旧人類の誕生でさえ、いまから二十万年くらい前のことでしかないのに、瓊瓊《にに》杵尊《ぎのみこと》から曽孫《＝神武天皇》までの時代が一七九万年前などありえないから、「だから日本書紀はアテにならないのだ」などと言われる、ひとつの材料にされているところでもあります。けれど古代の人たちは、いまとはまったく異なる概念で歳月の経過を考えていたのかもしれないのです。

まず第一に「歳」という字は、俳句の歳時記などにも用いられるように、もともと旧暦の一ヶ月をあらわす字です。また「年」は穀物の稔りを意味する字です。継体天皇の時代くらいまでは、いまの暦《こよみ》でいう半年として用いられている字です。なぜなら暦は農業や狩猟と深く関係しているからです。さらに旧暦では三年に一度、うるう月といって一年が十三ヶ月になります。したがって一七九万年前というのは、旧暦の月数に換算すれば、およそ十四万五千年前です。

それでも長過ぎるように思われると思います。けれど第二に歳月の概念が、いまとはまったく違っていたのかもしれないということです。現代人は歳月や時間を物理的時間のみで計《はか》りますが、その物理的時間が、心理的時間とかけはなれて感じられるということはよくある話です。たとえば「歳をとると一年が早く感じられる」というのは、一定以上の年代の方なら誰もが感じることです。不思議なことに、神々は超古代にご出現あそばされながら、現代にもその神様が存在し、未来にも何万年後であってもやはり存在し続けます。ということは神々の時間は、我々現代人が思う時間の概念とまったく違うということになります。日本書紀は冒頭で神々の世界は清陽なるものから成った《原文：清陽者薄靡而為天》と書いています。また日本書紀は、天照大神《あまてらすおほみかみ》がお生まれになったとき、父母である伊弉諾と伊弉冉は「天地がとても近かったので、天照大神を天上界に送った」と記しています《原文：是時天地相去未遠故以天柱挙於天上也》。

神々の世界《天上界》は光の世界とも例えられますが、「光に近づくほどに時間の進み方が遅くなる」とはアインシュタインの特殊相対性理論で、二十世紀になってようやく証明されたことです。神々の世界が光の世界であり、人は生まれたばかりのときは神様《光》に一番近いなら、人生の時間は老いるほどに速くなります。こうしたことを、古代の人たちは体感的時間として、歳月に応用して考えていたのかもしれないのです。もしかすると時間の概念は、本当はそういう考え方の方が真実に近いのかもしれない。

ですから仮に一七〇万ヶ月が対数尺なら、$\frac{\sqrt{1702470}}{12.3333\cdots}$は、計算上はいまの一〇六年です。そうなると別に不思議はなくなります。日本書紀に書かれていることを、ただ受け入れるだけというのもいかがなものかと思いますが、同様に書かれていることが、現代人の限られた知識と合わないからといって、頭ごなしに否定するのも、いかがなものかと思います。私たちが知らないだけで、実はそこにはもっと深い知恵が隠されているのかもしれないのだからです。

第四章

危機をチャンスに！～日本形成の時代

仁徳天皇の時代に、我が国は国内の農業と産業を活性化させ、まさに東洋の超大国となりました。ところがそうなると日本に多くの渡来人たちがやってきます。そのほとんどは良い人たちですが、なかには悪い人も交《ま》じってくるようになります。その結果、仁徳天皇の崩御の後、国内ではそれまでの日本では考えられなかったような凄惨《せいさん》な事件が多発するようになります。そうした悲惨《ひさん》な時代を乗り越えて、新たな日本構築されたのが、雄略天皇から推古天皇に至る時代です。

果敢な勇気で正義を貫かれた雄略《ゆうりゃく》天皇

日本書紀巻十四

仁徳《にんとく》天皇のご事績《じせき》は、第21代雄略《ゆうりゃく》天皇の時代にも活《い》かされています。万葉集の巻一の最初に掲載されているのが、その雄略天皇の御製歌《おほみうた》です。そこには次のように書かれています。この訳は拙著『ねずさんの奇跡の国 日本がわかる万葉集』に掲載した訳ですが、本稿は歌の解釈が趣旨ではないので、意訳《いやく》のみをご紹介します。

「新鮮な食べ物の入った竹籠を、可愛い乳飲み子に乳を与える母のように、永く広く私たちの国に与え続けることを我が国の父としての大切な、そして神聖な志《こころざし》にしよう。野山で菜や木の実を採取している男子たちが家でくつろぐように、くつろげる国を築《きづ》いていて行こう。巨大で行き届いた、たくさんの人々が往来する大和の国は、果樹《くだもの》の木でできた片開きの神殿に手を合わせて、天皇である私がしっかりと腰を据《す》えて神々に祈《いの》っていこう。国家は主君が素晴らしければ人口が増えて人手も倍になり、みんなのくつろぐ場所も増えていくという。私が神々に捧げる祈りは、我が国で生活する、ひとりひとりの男たちや女たちの名です。」

この歌を、雄略天皇が若い女性を口説こうとして、大和の国は俺が所有者だと威張っているかのように解釈しているものがありますが馬鹿げたことです。歌が書かれている漢字の意味をしっかりと読み解いたら、そのような歌ではないことは一目瞭然《いちもくりょうぜん》です。

雄略《ゆうりゃく》天皇が歌で示《しめ》された「誰もが安心して安全に暮らせる国」ということは、天然の災害の多発する我が国にあって、民衆の暮らしを第一にするという思想から生まれているものです。そしてその思想は、初代神武《じんむ》天皇のご事績《じせき》、仁徳《にんとく》天皇のご事績をしっかりと踏《ふ》まえてのものです。ところが雄略天皇の時代に、ある問題が吹き出してしまうのです。

1　大悪天皇と呼ばれた雄略天皇

【あらすじ】

第21代雄略《ゆうりゃく》天皇は、大泊瀬稚武天皇《おおはせのわかたけのすめらのみこと》といい、仁徳天皇の孫にあたります。お生まれになったとき、神々《こうごう》しい光が宮殿に満ちました。

ところが雄略天皇の即位前、先帝となる兄の安康天皇が、皇后の連れ子《眉輪王《まよわのおほきみ》》によって殺されるという事件が起きました。理由は安康天皇が、その眉輪王の父《仁徳天皇の子》を殺したことが原因ですが、そうは言っても天皇を殺害するというのはたいへんな出来事です。まだ即位前であられた雄略天皇はすぐに兵を挙《あ》げ、自《みずか》ら将となって眉輪王《まよわのおほきみ》を殺害します。また同じく皇位継承権のある市辺押磐皇子《いちのべのおしはのみこ》《仁徳天皇の孫》を狩場で殺害し、その翌月に泊瀬《はつせ》の朝倉《あさくら》に都を設けて、天皇に即位されました。

天皇になられてからも、即位二年には百済の池津媛《いけつひめ》が、天皇の妃《ひ》となろうというときに、別な男性《石川楯《いしかはのたて》》と通じたため両名を殺し、同じ年の十月には、猟《かり》の途中の休憩中に群臣《まへつきみたち》に、「狩りの楽《たのしび》は膳夫《かしわで》《料理人》に獲物《えもの》を料理させることだが、それは自分で料理するのとどちらが楽しいだろうか」と問い、群臣が答えないでいたため、御者《おほうまそひのひと》であった大津馬飼《おほつのうまかひ》を斬り殺しました。このため国内の人々は、皆、雄略天皇を恐れるようになりました。このように天皇が、誤《あやま》って人を殺すことが衆《おほ》かったため、天下の人々は誹謗《そし》って「大《はなは》だ悪《あ》しくまします天皇なり《原文：天下誹謗言大悪天皇也》」と言いました。けれどその一方では人々から「徳《おむおむ》しく有《ま》します天皇《原文：有徳天皇》」とも呼ばれました。

一方雄略天皇は、呉国《ごのくに》《宋のこと》から才伎《てひと》と呼ばれる繊維職人を呼び寄せたり、全国に分散していた秦の始皇帝の末裔である秦氏《はたし》を重用《ちょうよう》して国内の養蚕業《ようさんぎょう》を奨励《しょうれい》されるなど、国内の産業の育成におおいに努《つと》められました。

㈠　大悪天皇、有徳天皇

ここでは、雄略天皇が、まさに天の大任《たいにん》の光を負ってお生まれになられたこと、雄略天皇が即位される前に、皇位継承をめぐって血なまぐさい事件が続発していたこと、ご皇室の周辺にまで男女関係の乱れが生じるようになっていたこと、これに対し雄略天皇が自《みずか》ら、辛《から》い天皇となられたことが明《あ》かされています。

雄略天皇のお名前である大泊瀬稚武天皇《おほはせのわかたけのすめらのみこと》は、「大」が偉大な、泊瀬《はせ》が皇居の置かれた泊瀬朝倉宮、稚武《わかたけ》が、「稚」が「小さな稲穂」、「武」が「たける」で、竹のように真っ直ぐにすることを意味します。ですから大泊瀬稚武天皇は「長谷《はつせ》の宮で小さな稲穂たちである臣民たちのために、世の中の歪《ゆが》みをまっすぐに立て直された偉大な天皇」というお名前です。

ところが雄略天皇がお生まれになられた時代というのは、実は偉大な祖父の仁徳天皇のご功績によって、我が国がたいへんに豊かな東アジアの超大国となり、これを慕《した》って周辺国からたくさんの渡来人がやってきていた時代でもありました。そしてこのことが国内の治安や文化に乱れを生み、結果として国内の秩序の崩壊と治安の悪化が目立つようになった時期でもあったわけです。

そうしたなかで雄略天皇は、ときに行き過ぎと誹謗《そし》られようと、果敢に悪を攻め滅ぼして行かれました。このためわずか即位二年で、天下の人々から「大《はなは》だ悪《あ》しきましますも天皇なり《原文：天下誹謗言大悪天皇也》」と誹《そし》られるようになります。けれど同時に、人々から「徳《おむおむ》しく有《ま》します天皇なり《原文：有徳天皇也》」とも言われるのです。

(二)　苛《から》い政府

もともと我が国は、一万四千年も続いた縄文時代の遺跡《これは全国に数万箇所ありますが》から、これまで対人用の武器がまったく出土していないというくらい、人が人を殺《あや》めるという文化を持たない国です。ところがそうでない地域の人たちが大量に日本に入ってくると、やはり日本人には考えられないような殺傷事件が続発するわけです。「悪事千里を走る」は悪事の評判が広がることを言いますが、評判どころか、悪事そのものが国内で拡大していってしまったのです。火種は国中に広がり、ついにはご皇室の中までも、血塗られた状態になってしまう。そこで雄略天皇は、率先して武力を用いることで、あえて残忍な苛《から》い天皇となっていかれるのです。

実はこのことについてということではありませんが、福沢諭吉が『学問のすゝめ』のなかで、次のようにわかりやすく述べているものがありますのでご紹介します。

「愚民を支配するには、とても道理をもって諭《さとす》べき方便なければ、ただ威をもって畏《おどす》のみ。西洋の諺《ことわざ》に『愚民の上に苛《から》き政府あり』とはこのことなり。こは政府の苛《から》きにあらず、愚民のみずから招く災《わざわい》なり。愚民の上に苛き政府あれば、良民の上には良き政府あるの理《ことはり》なり。」


要するに民度が低くなれば、政府もまた苛斂誅求《かれんちゅうきゅう》の政府とならざるをえないということです。まさに雄略天皇の時代が、そういう時代となってしまっていたのです。

2 新羅《しらぎ》討伐《とうばつ》事件

【あらすじ】

新羅《しらぎ》は、神功皇后《じんぐうこうごう》の時代に朝貢《みつき》を誓った国でしたが、仁徳天皇の時代になると度々《たびたび》朝貢《みつき》を怠《おこた》るようになり、雄略《ゆうりゃく》天皇即位後は、まったく朝貢を行なわなくなっていました。

雄略天皇8年2月のとき、その新羅が大慌《おおあわ》てで任那《みまな》日本府に助けを求めてきました。悪漢に襲われているというのです。任那日本府は追ってきた軍を蹴散《けち》らして、事の顚末《てんまつ》を天皇に報告しました。不思議に思った天皇が調べてみると、そもそも新羅が、高句麗の倭国に献上する品々を持った朝貢の使者を襲ってこれを奪ったことが原因とわかりました。雄略天皇は、

「新羅はこれまで朝貢をしていたのに、朕が即位してからは対馬を奪おうとしたり、高句麗の我が国への朝貢の邪魔をし、あるいは百済の城を奪い、我が国への朝貢さえも怠《おこた》っている。狼の子のように人に慣《な》れ従《したが》わず、ともすれば危害を加える心を持っており、飽食《ほうしょく》すれば離れ、飢《う》えれば寄ってくる。よろしく攻め伐《せか》って天罰をくだせ」と詔《みことのり》され、新羅に派遣された紀小弓宿禰《きのおゆみのすくね》と蘇我韓子宿禰《そがのからこのすくね》らは、瞬《また》く間に新羅を討ち破りました。

このエピソードは、単に新羅が云々というだけでなく、物ごとの本質をとらえて、即断で果敢に行動される雄略天皇の凄《すご》みがよく表れた物語といえます。では、その凄みを、

雄略天皇は何のために用いられていたのでしょうか。文の続きを読んでみたいと思います。

3　雄略天皇の御遺言《ごゆいごん》

【あらすじ】

雄略天皇がお亡くなりになる前、天皇が大伴室屋大連《おほとものむろやのおほむらじ》と、東漢掬直《やまとのあやのつかのあたひ》に遺詔《のちのみことのり》として、次の言葉を遺《のこ》されました。

「方《まさ》に今《いま》、区宇《あめのした》は一家《ひとついへ》となって、民のカマドの煙火《けぶり》は万里《ばんり》にひろがっている。百姓《おほみたから》は統治しやすく《原文：乂安》、四《よ》の夷《ひな》も服《した》がうようになった。これこそが区夏《くにのうち》を寧《やすらか》にせよという天意《あまつみこころ》であったと欲《おも》う。そのために心を小《せ》め、己《おのれ》を勤《はげま》して、日に一日《ひとひ》を慎《つつし》んできたことは、すべて百姓《おほみたから》のためであった。臣《おみ》も連《むらじ》も伴造《とものみやつこ》らが毎日朝廷《みかど》に参《まい》るのも、国司《くにのみこともち》や郡司《こほりのみやつこ》が時に応じて朝廷《みかど》に集《つど》うのも、すべてそのためである。義《ことわり》においては君臣《きみやつこ》、情《こころ》においては父子《かぞこ》として、臣連《おみむらじ》の智力《さとりのちから》で内外《うちそと》の心を歓《よろこ》ばせ、天の下を永《なが》く安《やすらか》にし、楽《たのし》きことを保《たも》たせたいと欲《おも》ってきた。言うまでもないことだが、このことは病《やまい》のために熱くなって申しているのではない。これこそが人の世の常分《つねのことわり》なのだ。ただ朝野《くにのうち》の衣《みそつもの》や冠《かうぶり》を、十分に鮮麗《あざやか》にするには至らなかった。政刑《まつりごと》や刑罰《のり》も、まだ十分に整ってはいないことは残念に思う。いま、天に復《かへ》るにあたり、筋力《すじちから》も精神《こころたましい》も、もろくも竭《つ》きようとしている。いま申していることは、もとより我が身のためではない。ただ百姓《おほみたから》を安《やす》め、養《やしな》おうとする一心である。古《いにしへ》の人は、『臣《やっこ》を知《し》るは君《きみ》に若《し》くなく、子を知るは父に若《し》くなし』と言った。もし仮にその志《こころ》を持たない者が国家《くにいへ》を治《をさ》めれば、必ず恥辱《はぢ》となり、臣連《おみむらじ》も酷毒《からき》統治をせざるを得なくなるであろう。悪しき子孫は百姓《おほみたから》に嫌われるであろう。好《よ》き子孫は、大業《おほきなるつぎ》の負荷《たもた》に堪《た》えなければならない。このことは、朕《わ》が家のことだけれども、理《ことわり》として、国民に隠してはいけないのだ。」

㈠　すべては百姓《おほみたから》のため

日本書紀の雄略天皇記は、この「まさにいま、天下《あめのした》は一家《ひとつへ》となって、民のカマドの煙火《けぶり》は万里《ばんり》にひろがっている」という一文のために書かれたと言っても良いと思います。日本はようやく人々が平穏な暮らしを取り戻したのです。そしてそのためにこそ雄略天皇は、ときに大悪天皇とも形容《けいよう》される厳《きび》しい御働《おはたら》きをされたのです。それがときに行き過ぎであったこともありました。そのときは皇后から「あなた、やりすぎですよ」とたしなめられるのですが、そのとき日頃厳しい雄略天皇が、「善《よ》きかな。貴《たふときひと》、心を相知《あいし》る」です。意訳すると「ありがたいことだ。貴い人は、私の心も民の心もよく知っている」となります。意図して心を鬼にして国の正常化を図られようとされていた雄略天皇の御心の一端《いったん》を知る逸話《いつわ》であろうと思います。


「すべては百姓《おほみたから》のためである。」

「臣下が毎日朝廷に出仕するのは、すべて百姓《おほみたから》のためである。」

「社会的立場としては君臣であっても、情《こころ》においては父子《おやこ》である。」

「内外の心を歓《よろこ》ばせ、天下を永く安《やすらか》にして、楽しい国にすることは、人の世の常《つねのことわり》分である。」

神話の時代から、我が国は「よろこびあふれる楽しい国《豈国《あにくに》》」を目指してきた国です。そこに歪《ゆが》みが生じたなら、できるだけ短期間に、これを是正する。そのためには素戔嗚命《すさのをのみこと》が高天原であえて泥をかぶられたのと同じく、みずからも泥をかぶって、世を正していく。それこそが、後年の人が大泊瀬稚武天皇《おほはせのわかたけのすめらのみこと》を「雄略天皇《おおしくて知略に長《た》けた天皇》」と形容した理由なのではないでしょうか。

聖徳太子のご決断

日本書紀巻二二

継体天皇の子の兄弟は、それぞれ第27代安閑《あんかん》天皇、28代宣化《せんか》天皇、29代欽明《きんめい》天皇と皇位が継承され、そのあと欽明天皇の子である敏達《びたつ》天皇が第30代の天皇となり、続いてその兄弟たちが、第31代用明《ようめい》天皇、32代崇峻《すしゅん》天皇と皇位を引き継いでいかれます。ところが崇峻天皇が蘇我馬子《そがのうまこ》の指図《さしず》によって暗殺されてしまうのです。それでやむなく中継《なかつ》ぎ天皇として即位されたのが、敏達天皇の皇后であった女性の推古《すいこ》天皇です。

推古天皇の時代は、中国に強大な軍事国家としての隋《ずい》が誕生した時代で、我が国は国防上の大きな岐路《きろ》に立たされたときでもありました。そこで推古天皇が、政治の全権を委ねたのが、甥《おい》であり、皇太子であった聖徳太子《しょうとくたいし》です。

　聖徳太子は、「三宝興隆の詔」を出されて仏教の促進を図られ、仏教の注釈書として『三経義疏《さんぎょうぎしょ》』を著《あら》わされ、また「冠位十二階」を定めて「十七条憲法」を発布して我が国の中央集権体制を固められるとともに、中国にできた隋の大帝国を前にして「日出《ひい》ずる処《ところ》の天子、書を日没《ひぼっ》する処の天子に致《いた》す。恙無《つつがな》しや」、「東の天皇、西の皇帝に白《まを》す」と堂々と対等な関係を主張してこれを実現され、さらに『国記』、『天皇記』などの編纂《へんさん》を実施されておいでになります。それらのご事績すべてをご紹介することは紙面の都合上できませんので、本書では聖徳太子が現代日本にまで大きな影響を及ぼした十七条憲法に絞って、その詳細を案内したいと思います。

聖徳太子像
（菊池容斎『前賢故実』より）

【あらすじ】

推古天皇の即位12年《604年》4月3日、皇太子であった聖徳太子は、親《みづか》ら肇《はじめ》て、憲法十七条《いつくしきのりとほあまりななをち》を作られました。

㈠ 憲法《いつくしきのり》

憲法の憲という字は、上の部分が「害」とよく似た字になっています。この字はもともとは刑罰として目をえぐり取るという意味の漢字で、そこから破ったら目をえぐりとられるもの……絶対に守らなければならないもの、という意味の字になったものです。また法は旧字が「灋」で、魔物を水に流し去ることを意味し、そこから人々が努力して守るべきものという意味になったものです。したがって「憲法《いつくしきのり》」は、絶対に守るべきものであり、かつ、努力して守らなければならないもの、という意味になります。

(二)　四文字熟語で読む十七条憲法

十七条憲法の全文は、いろいろなところで紹介されていますので、ここでは、各条項を代表する言葉四文字で、その簡単な内容をご紹介したいと思います。全文は巻末に掲載します。

◇◇◇◇◇◇◇◇◇◇◇◇◇◇◇◇◇◇◇◇◇◇◇◇◇◇◇◇◇◇

✿四文字熟語で読む聖徳太子十七条憲法

第一条　「以和為貴」和を以《も》って貴《たっと》しとなせ

第二条　「篤敬三寳」あつく三宝（仏法僧）を敬え

第三条　「承詔必謹」みことのりを受けては必ずつつしめ

第四条　「以禮為本」うやまうことを根本とせよ

第五条　「絶饕棄欲」　むさぼりを絶ち欲を棄てよ
第六条　「懲悪勧善」　悪をこらしめ善を勧めよ
第七条　「人各有任」　人各々任あり
第八条　「早朝晏退」　朝早く出仕し遅くに退せよ

第九条　「信是義本」　まことはことわりのもとなり
第十条　「絶忿棄瞋」　心の怒《いか》りを絶ち表の怒りを棄てよ
第十一条　「明察功過」　功過《こうか》を明らかに察せよ
第十二条　「国非二君」　国に二君なし

第十三条　「同知職掌」　職掌を知れ
第十四条　「無有嫉妬」　嫉妬あるなかれ
第十五条　「背私向公」　私に背《そむ》き公《おほやけ》に向《むか》え
第十六条　「古之良典」　古《いにしへ》の良典を用いよ

◇◇◇◇◇◇

第十七条「不可独断」独断不可

ざっと一読すると、一四〇〇年前に書かれたこの十七条憲法が、いまなお日本人の常識として定着していることがおわかりいただけると思います。その意味で、十七条憲法は、まさに万古不易《ばんこふえき》の変えてはならないもの「いつくしきのり（憲法）」そのものといえるものです。

一方、明治憲法と、戦後の日本国憲法は、同じ「憲法」という用語がつかわれていますが、こちらは幕末に英語の「constitution」を日本語に翻訳《ほんやく》した造語です。

もともと「constitution」は、フランス語と英語が同じ単語のもので、幕末には「律法」とか「律例」などと訳されていました。ところが明治六年に、元熊本藩士の林正明《はやしまさあき》が合衆国憲法の訳本を、また元津山藩士の箕作麟祥《みつくりあきよし》がフランス憲法の訳本を出すに際して「憲法」という用語を用いたことから、明治憲法がつくられる際にも、「憲法」という用語が用いられることになりました。

「constitution」という語は、フランス革命当時のパリ市民たちの手で作られた造語で、

Con《共に》、stitute《立てた》ion《こと》が組み合わさってできた語です。フランス革命に際して、人々が集まって共同して打ち立てた決まり・規約と言った意味の言葉ですから、共同体のための基本条項みたいなものです。ですから共同体の形が変化すれば、それに応じてどんどん変えていくのがあたりまえですし、そのことが言葉の上からも明確になっているわけです。このためドイツも日本と同じ第二次世界大戦の敗戦国ですが、その後、ドイツの「constitution」は60回を超える改定が行われています。これは当然のことで、時代が変化すれば、「constitution」は、むしろ変えないほうがおかしいと考えられているわけです。その意味では、明治憲法も、いまの日本国憲法も、幕末の翻訳語である「律法」とか「律例」を用いて、大日本帝国律例とか、日本国律法と表記した方が、実態に即しているように思います。なにせ日本人にとって「憲法」という用語は、十七条憲法の通りに、万古不易の変えてはならないものといった語彙《ごい》があまりに定着しているからです。

コラム　シルクロードと呉の絹織物

呉の絹織物は、その後も盛んに行われ、実はそのままシルクロードの名前の原因にもなっています。ヨーロッパと東アジアを結ぶ交易ルートがあったことは、昔からよく知られていたことですが、この交易ルートについて、十九世紀のドイツの地理学者のフェルディナント・フォン・リヒトホーフェン男爵（Ferdinand Freiherr von Richthofen）が、著書の『中国（China, Ergebnisse eigener Reisen und darauf gegründeter Studien）』という全五巻の本の第一巻（1877年出版）で、「Seidenstrassen」と命名してこのルートを紹介したのです。

フェルディナントがどうしてシルクロード《絹の道》と命名したかというと、ササン朝ペルシャを出発して唐の長安に至る交易を考えたとき、ペルシャの側には壺やガラス製の器、絨毯など、様々な輸出品目があるのに、唐の長安には、産物らしい産物がなかったからです。あるものといえば、山くるみ、餅、金華ハム、鴨《かも》の醤油《しょうゆ》漬《づ》け、木彫《きぼ》り、石彫《いしぼ》り、茶、紹興酒《しょうこうしゅ》くらいです。くるみや餅やハムは、長期間を要する旅で運ぶには適《てき》さないし、木彫りや石彫りならペルシャの方が技術が上です。要するに圧倒的な当時の最先端物産を持つペルシャに対し、唐の側には、それに応ずるだけの産物がない。そこでやむなく、上海にまで足を伸ばして、上海にほど近い「杭州《こうしゅう》シルク」が、絹織物としてペルシャで珍重されたのではないかと「推測して」付けた名前が「シルクロード」であったわけです。呉の絹織物産業もまた、長い歳月を生き延びた技術であったのです。

ちなみにシルクロードというと、NHK特集『シルクロード』の影響からか、「月の砂漠をラクダに乗ってはるばると」といったイメージがあるようです。けれどシルクロード交易が盛んだった時代のペルシャは、オスマンの大帝国の時代です。オスマン帝国は、いまのパキスタンあたりまでの広大な領土を形成していました。その東のはずれにあるのがインダス川で、インダス川は、海から内陸部のチベット自治区のマーナサローワル湖までさかのぼることができます。そこから砂漠を迂回《うかい》して川沿いにキルギスに至り、今度は川を下って行くと、日本海に面したウラジオストックに行き当たります。

ペルシャは、国土のほとんどが砂漠地帯ですが、砂漠に落雷があると、雷《かみなり》が落ちたところがガラスになります。そのガラスを拾《ひろ》い集めて火で加工すると、ガラス製品になります。つまりペルシャの人々にとっては、ガラスは原始取得《げんししゅとく》できるものであったわけです。

一方、日本には砂漠がなく、落雷によって森林火災は起きてもガラスはできません。ところが日本は、大昔から金《ゴールド》の大産地で、昔は川をザルですくうと、金色の砂粒がいくらでも採れる川がたくさんありました。当時はゴールドによる経済などなかった時代ですから、金は日本人にとっては、せいぜい装飾に用いられる程度の原始取得できる砂粒でしかありません。ところがその金を、日本海の海流に乗ってウラジオストックのあたりまで運ぶと、そこでペルシャ商人が持ってきているガラス製品と交換することができました。ペルシャでは金は貴重品ですから、ペルシャ商人は、なんとかしてウラジオストックまでガラス製品を運んでくると、一生遊んで暮らせるだけの金《ゴールド》を手に入れることができました。他方、日本人は、金と交換したガラス製品を貴族などに贈《おく》ると、これがたいへんによろこばれて節税対策になりました。

ちなみにペルシャ商人ですが、砂漠をラクダでガラス製品を運んだら、ガラスは割れてしまいますし、途中の食料や水に困ります。けれども川を使って旅をすれば、それらの問題は一気に解決します。ペルシャ商人は「月の砂漠をはるばると」ではなく、「月の川旅をはるばると」であったのです。

おわりに
日本書紀巻二三～三十　新しい日本を目指して～舒明天皇から持統天皇までの総括

日本書紀、いかがでしたか？

日本書紀は、聖徳太子で終わりではなく、第41代持統《じとう》天皇までのご事績が書かれています。けれど特に推古《すいこ》天皇の時代以降の各天皇に関する記述は、たいへん長くて詳しいことから、詳しく紹介しようとしても本書ではおさまりきりません。そこで推古天皇については、前章のご案内にとどめ、第34代舒明《じょめい》天皇から、巻末の持統天皇までの時代の流れをご紹介することで、本書のあとがきとしたいと思います。ここでは少々おもいきって、筆者なりの読み方でのご紹介となります。

1　再び民のカマドの煙を持ち出された舒明《じょめい》天皇

聖徳太子がお隠《かく》れになられたとき、太子の死をすべての人が嘆《なげ》き悲しみました。年老いた者は我が子を失ったかのように、若者は父母を失ったかのように、泣きむせぶ声が満ちあふれたと記録されています。

その聖徳太子の没後、再び蘇我入鹿《そがのいるか》が専横《せんおう》をしはじめます。ご皇室は聖徳太子の子である山背大兄皇子《やましろのおほえのおうじ》に天皇になってもらおうとしますが、これを察知した蘇我入鹿は、643年、武力をもって山背大兄皇子《やましろのおほえのおうじ》を襲《おそ》います。このとき逃げ落ちるように説得する家来たちに山背大兄皇子は、戦いによって多くの臣民の命が失われることを思われて、自害して果てます。こうして聖徳太子の子孫は絶え、蘇我氏が専横を極《きわ》めるようになっていきました。

「このままではいけない！」

そう思って立ち上がられたのが中大兄皇子《なかのおほえのおうじ》《後の天智天皇》です。中大兄皇子の父は舒明《じょめい》天皇です。聖徳太子の血族は、その後の蘇我氏の横暴の前にすべて絶え、権力と財力を握った蘇我氏は、入鹿《いるか》が自《みずか》ら「みかど」を名乗るのみならず、自分の墓を「みささぎ」と呼ぶように周囲に強要《きょうよう》しました。「みかど」も「みささぎ」も、天皇にのみ許された言葉です。けれど当時、都で蘇我氏の牛車《ぎゅうしゃ》と、御皇族の車がすれ違うと、御皇族が車を道の隅に寄せさせられたほどだったのです。

そうしたなかにあって第34代舒明《じょめい》天皇は、あらためて我が国の形が、心根の良い民衆たちのためにある国であるということを歌に託《たく》されます。それが万葉集の巻一の二番に掲載された「うまし国ぞ、やまとの国は」という歌です。詳しい歌の意味は拙著『ねずさんの奇跡の国 日本がわかる万葉集』で解説させていただいていますので、ここでは歌の意訳のみご紹介します。

「恵みの山と広い原のある大和の国は、村々に山があり、豊かな食べ物に恵まれて人々がよろこび暮らす国です。天の香具山に登り立って人々の暮らしの様子を見てみると、見下ろした平野部には、民《おほみたから》の家からカマドの煙がたくさん立ち昇っています。それはまるで果てしなく続く海の波のように、いくつあるのかわからないほどです。大和の国は、民衆の心が澄んで賢く心根が良くて、おもしろい国です。その大和の国は人と人とが出会い、広がり、また集う美しい国です。」

この最後の方にある「美しい国」というのは、原文では「怜何国《うましくに》」と書かれています。「怜」は、神々の前でかしずく心、「何」は感動する心を意味する漢字で訓読みが「おもしろし」です。昨今では、吉本新喜劇のようなものを「おもしろい」と表現しますが、それでも良い映画を観《み》た後《あと》などに、「今日の映画、おもしろかったねえ」と会話したりすることがあります。この場合の「おもしろい」は、「とてもよかった、感動した」といった意味です。そうした「民衆の心が澄んで賢く心根が良くて、おもしろい国」というのは、聖徳太子がお隠れになられたときの民衆の反応に見て取ることができます。人々が互いに助け合って、豊かで安心して安全に暮らすことができる国だから、人々が素直な心で、いろいろなことに感動する心を保持して生きることができるのです。特定の一部の人が、自分の利益だけを追い求め、人々を出汁《だし》に使うような国柄であれば、人々はただ使役《しえき》され、収奪《しゅうだつ》されるばかりで、安心して安全に暮らすことなど、夢のまた夢です。けれど日本の場合、国土が天然の災害が多発する国ですから、一部の人の贅沢のために、一般の庶民の暮らしが犠牲にされるような国柄では、人々が安全に暮らすことなどまったく不可能になってしまうのです。何もかも収奪されるような国柄であったなら、とても人々が感動して生きるなど、及びもつかない国柄になってしまいます。

そういう意味で、カマドから煙をあげている民衆が、豊かに安全に安心して暮らせるからこそ、民衆は素直な心、感動する心を保《たも》って生きることができるのだ、それが「うまし国だ」と舒明天皇は詠んでおいでなのです。

天皇のお言葉や歌は「示し」と言って、数ある未来から、ひとつの方向を示《しめ》すものです。よく戦略が大事だとか、戦術が大事だとか言いますが、戦略も戦術も、そもそも仮想敵国をどこにするのかという「示し」がなければ構築のしようがありません。その意味で、トップの最大の使命は「戦略や戦術に先立《さきだ》つ未来を示すこと」にあるといえます。その「示し」を、舒明天皇は、「我が国の姿は民衆の心が澄んで賢く心根が良くて、おもしろい国にある」と歌われたのです。

その舒明天皇の時代は、強大な軍事帝国の唐が朝鮮半島に影響力を及ぼし始めた時代です。内政面では蘇我氏の専横が目に余る状態になっていました。そんな時代だからこそ、舒明天皇は、「うまし国ぞ、やまとの国は」と歌を詠まれたのです。それは舒明天皇が示された我が国のあるべき姿です。

2 大改革を断行された天智《てんち》天皇《中大兄皇子《なかのおほえのおうじ》》

そんな天皇を父に持った中大兄皇子《なかのおほえのおうじ》は、宮中で蘇我入鹿《そがのいるか》の首を刎《は》ねます。これが乙《おっ》巳《し》の変で645年の出来事です。

蘇我本家を滅ぼした中大兄皇子は、皇位に即《つ》かず、皇太子のまま政務《せいむ》を摂《と》り続けました。我が国では、天皇は国家最高権威であって、国家最高権力者ではありません。このことは逆に言えば、天皇となっては政治権力の行使ができなくなることを意味します。ですから中大兄皇子は、大改革を断行するにあたって、皇太子のままでこれを行いました。同年に中大兄皇子が発布したのが「公地公民制」です。公民と書いて「おほみたから」と読みます。民衆こそが天皇にとっての最大の宝であると、あらためて宣言され、そしてこれを国の大方針として示されたのです。これが西暦645年の出来事です。

のことは、当時の世界の王朝にあって実に画期的なことであったといえます。なにしろ二一世紀になった今日においても、日本の他には、国家最高の存在は「国家最高権力者」である国しかないのです。しかし国家最高の存在が政治権力者なら、権力のままに政敵を逮捕したり殺害したりすることができてしまいます。それができるのが権力だからです。けれどそうしたことをしても、国家最高の権力者が、みずからその責任を取るということは、決してありません。ということは国家最高の存在が国家最高権力者であるということが、そのまま国家最高の存在が、国家最高の無責任者であるということを意味します。会社の社長が一切の責任を取らない無責任者なら、おそらくその会社はつぶれてしまいます。だから歴史を振り返れば、どんな強大な王国でも、二～三〇〇年したら国がなくなってきたのが、世界の歴史です。

日本は、古代からずっと続く国ですが、そんな奇跡のようなことがなぜできたのかといえば、国家最高権力者よりも上位に、国家最高権威を置いたからです。それが天皇です。その天皇が国民を「おほみたから」とするから、国民は権力からの自由を持ち、権力は国民の豊かで安全で安心な国つくりに責任を持つ、という体制ができあがるのです。これが日本の形です。

ところが蘇我氏の専横は、こうした日本の形を根幹から変えてしまうものであったわけです。そして中大兄皇子は豪族の専横《せんおう》を排《はい》するため、皇族中心に政治を進めていかれます。このときに全国の戸籍や土地台帳なども編纂《へんさん》されています。その戸籍や土地台帳では、地名も姓も漢字二字で書き表すようにとされました。日本の地名や日本人の名字のほとんどが漢字二文字であるのは、このときの中大兄皇子の功績によるものです。

中大兄皇子の皇太子時代に朝鮮半島への百済救援のための出兵が行《おこな》われました。倭国軍は勇敢に戦いましたが、気がついてみれば、百済救援のために新羅と戦っているはずが、百済の王子は逃げてしまうし、新羅は戦いが始まると逃げてばかりで、まともに戦っているのは、倭国軍と唐軍となっていました。これでは何のために半島に出兵しているのかわかりません。そうこうしているうちに、白村江《はくすきのえ》で、倭国軍が大敗し、倭国兵およそ一万人が犠牲になってしまうのです。亡くなった倭国兵は、多くが地方豪族の息子さんや、その郎党たちです。この禍根《かこん》は、ずっと尾を引きました。ずっと後年になって、持統《じとう》天皇が行幸先で誰とも知れぬ一団に襲撃を受けて矢傷を受けられるという事件さえも起きているのです。我が国が天皇を中心とする国家であることは、誰もが認めるし、納得もできることです。天皇がおわすことによって、いざ凶作となったときには、全国的な米の流通が行われて、村の人々が飢《う》えることがないようにという国家の仕組みも納得できるのです。民衆が「おほみたから」だということも十二分にありがたいこととして理解できます。けれど「我が子が死んだ」、「中大兄皇子の朝鮮半島出兵によって我が子が死んだ」という、この感情は、どうすることもできません。理屈ではわかっていても、感情は尾を引くのです。国内的には、まさに分裂の危機であり、その分裂は、そのまま唐による日本分断工作に発展する危険を孕《はら》んでいたのです。

3　皇位を継承した天武天皇《大海人皇子《おほあまのみこ》》

こうしたなか、兄の天智天皇から弟の天武天皇への皇位の継承が行われました。

なるほど表面上は、天武天皇が軍を起こして天智天皇の息子の大友皇子を襲撃したことになっています。しかしよく考えてみると、これは不思議な歴史の流れです。

天智天皇は大化の改新によって、実に多くの革命的な改革を行いました。一連の改革は、ものごとが良い方向に向かうようにするために行われるものです。しかし短兵急で強引な改革は、必ず改革によって不利益を被《こうむ》る者を生じさせます。そして皇位を無理やり自分の息子の大友皇子に継承させようとする天智天皇の行動は、一方において皇位継承権を持った天智天皇の弟の大海人皇子《おほあまのみこ》に、反天智天皇派の人たちの期待が集まります。期待は大海人皇子の皇位継承に集まり、反天智天皇派の人たちを味方に付けた大海人皇子は、ついに軍を起こして、天智天皇の息子の大友皇子を追い払って、みずから天武天皇《てんむてんのう》として即位されます。

反天智天皇派の人たちは、よろこんで天武天皇に従ったことでしょう。そして天武天皇が即位されると、もともと天智天皇派だった人たちは、もとよりご皇室中心の日本を大切に思う人たちです。そして天武天皇はれっきとした皇位継承権を持つ人です。このことが意味することは重大です。つまり天武天皇の旗揚げ《壬申《じんしん》の乱》によって、実は国がひとつにまとまるのです。

日本書紀では、もちろん天智天皇亡き後、天武天皇が兵を起こしたことになっています。そして天智天皇の子の大友皇子は、人知れず処刑されたことになっています。けれど、大友皇子の処刑を観た人は誰もいないのです。

天智天皇の崩御《かむあがり》にも疑問が残ります。天武天皇の正妻は、持統天皇です。持統天皇は、天智天皇の娘です。そして天武天皇が、皇位に即位されたあと、事実上の政務の中心となって改革を継続したのは、その持統天皇です。しかも持統天皇は、皇位にあるときに、なぜか31回も吉野に行幸《みゆき》されています。

これまた日本書紀には書かれていないことですが、個人的には、おそらく天智天皇は生きておいでであったのだろうと私は思っています。生きていても、当時の考え方として、出家されれば、この世のすべてを捨てて、今生の天智天皇としては崩御したことになるのです。吉野に隠棲し、そこで僧侶となれば、崩御《かむあがり》されたことになるのです。

弟の天武天皇が、反天智天皇派の人たちを全部味方に付けてしまえば、国はひとつにまとまり、皇位継承後は、天武天皇の妻であり、天智天皇の娘である持統天皇が、皇后として政治に辣腕《らつわん》を揮《ふる》い、父親の進めた一連の改革を政治的に継承していくことが可能です。幸い、側近には、きわめて優秀な政治家である高市皇子《たけちのみこ》もいるのです。天智、天武、持統、高市皇子のこの強い信頼関係のもとに、あらためて日本は盤石《ばんじゃく》の体制を築いていったのではないか。そのように思います。

もちろん、天智天皇と天武天皇が兄弟であったことさえ疑う意見があることも承知しています。しかしそのことを示す史料はなく、この不仲説の根拠となっているのは、万葉集における天智天皇、天武天皇、そして天武天皇の妻であり一女までである額田王《ぬかたのおほきみ》の歌でしかありません。ところがその根拠とされる歌も実は、その意味をまるで履《は》き違《ちが》えた解釈でしかなかったことは、拙著『ねずさんの奇跡の国 日本がわかる万葉集』で述べた通りです。

しかしその天武天皇は道半《みちなか》ばで病に倒れてしまいます。

4　教育と文化による国作りをされた持統天皇

後を受け継いだ持統天皇は、それまでの歴代天皇が、皇位継承をめぐって血で血を洗う事件となってきたことを憂慮《ゆうりょ》され、二度と皇位継承をめぐる戦いが起きないように、皇位継承順位が生まれた子の母親の血筋と、生まれた順番によって機械的に定まるように詔《みことのり》されます。さらに雄略天皇の時代の混乱やその後の半島情勢に影響された国内政治の混乱を繰り返さないようにと、中央の朝廷が高い文化の発信を行うという、教育と文化によって国をひとつにまとめるという方針を打ち立てられます。こうして生まれたのが『万葉集』です。『万葉集』自体の完成は、ずっと後年、大伴家持《おほとものやかもち》の時代になってからですが、『万葉集』の最初の巻一と、巻二の途中までは、持統天皇と、その意を受けた柿本人麻呂によって作成されたものです。『万葉集』は、それまでの大和言葉《やまとことば》の歌を漢字を用いて記すことによって、大和言葉だけでは表現しきれない深い意味を歌に込めることを可能にした文化です。その文化を中央の朝廷から率先して発信し、一般の庶民までもそうして漢字を用いて大和言葉の歌を詠むことを実際に見せることで、地方豪族たちを中央の高い文化のもとに一体化させようとされたのです。

たとえば「ひふみ」は数詞ですが、これを「霊《ひ》生《ふ》身《み》」と記述すれば、霊（＝魂）から生まれるのが肉体《＝身《み》》であるという意味になります。持統天皇は、我が国の神話の時代から続く知恵を、漢字を大和言葉に重ねることで、より深い意味を持たせ、これを確定していくことを実現して行かれました。そうした文化の力によって、我が国はひとつの国家としてあらためて一体化していったのです。

そして『万葉集』と同じ時代に編纂《へんさん》されたのが、『日本書紀』と『古事記』です。

こうして歴代天皇によって紡がれた日本の歴史伝統文化は、二一世紀となった現代においても、我が国にしっかりと根づいています。私たち日本人は、神話の昔から日本人です。日本を信じ、日本人としての魂を大切に生きることは、他所の国の批判をすることなどよりも、ずっとずっと大切なことだと思います。

小名木善行　拝

【特別掲載】声に出して読みたい十七条憲法《全文と解釈》

一にいわく。
和を以《も》って貴《たっと》しとなし、忤《さから》うこと無きを宗《むね》とせよ。人みな党《なかま》あり、また達《さと》れるもの少なし。ここをもって、あるいは君父《くんぷ》に順《したが》わず、また隣里《りんり》に違《たが》う。しかれども、上和《かみやわら》ぎ下睦《しもむつ》びて事《こと》を論《あげつら》うに諧《かな》うときは、すなわち事理《じり》おのずから通ず。何事《なにごと》か成《な》らざらん。

第一条
一曰　以和為貴　無忤為宗　人皆有黨　亦少達者　是以　或不順君父　乍違于隣里　然上和下睦　諧於論事　則事理自通　何事不成

◎ポイント

「忤う」は《さからう》と読みます。語源は「呪道具の杵《きね》」で、これをつかって悪霊から身を護る。転じて邪悪なものに拮抗し抵抗することを意味します。これが「無忤為宗」です。敵対し呪詛《じゅそ》する者に対して、相手と同じように敵対し呪詛する愚をおかすなということです。

二にいわく。篤《あつ》く三宝《さんぼう》を敬《うやま》え。三宝とは仏と法と僧となり。則《すなは》ち四生《ししょう》の終帰《しゅうき》、万国の極宗《ごくしゅう》なり。何《いず》れの世、何れの人かこの法を貴《たっと》ばざる。人尤《はなは》だ悪《あ》しきもの鮮《すく》なし。能《よ》く教うれば従う。それ三宝に帰《き》せずんば、何をもってか枉《まが》れるを直《ただ》さん。

第二条

二曰　篤敬三寶　三寶者仏法僧也　則四生之終帰　萬国之極宗　何世何人非貴是法　人鮮尤悪　能教従之　其不帰三寶　何以直枉

◎ポイント

ここでは「枉《まが》れる者」という言葉が出てきます。「枉《まが》る」という字は孟子の「尺《しゃく》を枉《ま》げて尋《じん》を直《のば》ぶ」に由来します。小利を捨てて大利をとることのたとえです。意見や事実認識に食い違いがあるとき、大木につかまって王様にでもなったような相手をまっすぐにするには、まずは、自分が襟を正すこと《三宝に帰す》からはじめよというのです。

三にいわく。

詔《みことのり》を承《う》けては必ず謹《つつし》め。君をば則《すなは》ち天とし、臣《しん》をば則ち地とせよ。天を覆《おお》い地に載《の》せて四時《しじ》順行し、万気《ばんき》の通《かよ》うことを得《う》。地、天を覆《おほ》わんと欲《ほっ》するときは、則《すなは》ち壊《やぶ》るることを致《いた》さむのみ。ここをもって、君言《のたま》えば臣承《おみうけたまは》り、上行《かみおこ》なえば下靡《しもなび》く。ゆえに詔《みことのり》を承《う》けては必ず慎《つつし》め。謹《つつし》まずんばおのずから敗《やぶ》れん。

第三条

三曰　承詔必謹　君則天之　臣則地之　天覆地載　四時順行　万氣得通　地欲覆天　則致壊耳　是以　君言臣承　上行下靡　故承詔必慎　不謹自敗

◎ポイント

ここでは「みことのりをうけては、かならずつつしめ」と、同じ言葉が最初と最後に二回出てきます。つまり、ものすごく強調しています。「承詔必謹、承詔必慎」です。紛争があったとしても、中央なら天皇、民間その他なら親方や殿様やリーダーが出てきたときには、必ず謹《つつ》しみ慎《つつ》んで、それに従うことを求めています。どこかの国の人や、どこかの新聞社のように、いつまでもダダをこねたり、我を張ったりすることを厳《げん》に慎《つつし》むように求めています。

四にいわく。

群卿百寮《ぐんけいひゃくりょう》、禮《うや》《=礼》をもって本《もと》とせよ。それ民《たみ》を治《をさ》むるの本は、かならず禮

にあり。上、禮なきときは、下斉《しもととの》わず、下、禮なきときはもって必ず罪あり。ここをもって群臣《ぐんしん》に礼《れい》あるときは位次《いじ》乱《みだ》れず。百姓《おほみたから》に礼あるときは国家自《おのずか》ら治《おさ》まる。

第四条
四曰　群卿百寮　以禮為本　其治民之本　要在乎禮　上不禮而下非齊　下無禮以必有罪
是以　群臣有禮　位次不乱　百姓有禮　国家自治

◎ポイント

短い文の中に「禮」という字が六回も出てきます。いまでは礼儀の礼は「礼」と書きますが、もともとは「禮」です。相手にわかるようにはっきりと「豊かに示す」から「禮」です。その「禮」は、大和言葉で「ゐや」と読みます。これは今風に書いたら「うや」です。「うやまう」の「うや」です。また「禮」と書いて「ことわり」とも訓読します。「ことわり」は秩序のことです。要するに「人をうやまい、秩序を重んぜよ」

と言っているわけです。

また「百姓」という字が見えますが、これはお百姓さんだけのことではありません。最近では「百姓」は差別用語だとバカな学者さんが主張しているそうですが、文武百官という言葉があるように「百」は「たくさんの」という意味を持ちます。ですから「百姓」は、「たくさんの姓《かばね》」です。そして日本では、天皇以外のすべての人に「姓」が与えられていますが、これが天皇の民である「おほみたから」であることの証《あかし》です。わたしたち日本人に鈴木とか高橋とか姓があるのは、そのためです。

五にいわく。

饗《あじわいのむさぼり》を絶ち、欲《たからのほしみ》を棄《す》てて、明らかに訴訟《うったえ》を弁《わきま》えよ。それ百姓《おほみたから》の訟《うったえ》、一日に千事あり。一日すらなお爾《しか》り。況《いわ》んや歳《とし》を累《かさ》ぬるをや。頃《このごろ》、訟を治むる者、利を得るを常となし、賄《まいない》を見て献《ことわり》を聴く。財《たから》あるものの訟は、石を水に投ぐるがごとく、乏しき者の訴は、水を石に投ぐるに似たり。これをもって、貧しき民は則ち由《よ》る所を知らず。臣の道またここに闕《か》く。

第五条
五曰　絶餮棄欲　明辯訴訟　其百姓之訴　一日千事　一日尚尓　况乎累歳　須治訟者得利為常　見賄聴獻　便有財之訟　如石投水　乏者之訴　似水投石　是以貧民則不知所由　臣道亦於焉闕

◎ポイント
金持ちの訴えはすぐに聞いてもらえるのに、貧しい者の訴えは容易に聞き入れられない。もしそのようになるならば、それは真の道を欠（闕）くことになると述べています。

奈良平安の世は、平安末期まで、およそ四百年に亘って死罪、遠島がなく、律令制度といいながら、ついぞ「律（＝刑事法）」は、発令そのものがあいまいなまま終わってしまいました。どれだけ安定した犯罪のない世の中だったのか、ということです。

六にいわく。
悪を懲《こら》し善を勧《すす》むるは、古《いにしえ》の良典なり。これをもって人の善を匿《かく》さず、悪を見ては必ず匡《ただ》せ。それ諂《へつら》い詐《あざむ》く者は、則ち国家を覆《くつがえ》すの利器《りき》なり。人民を絶つ鋒《ほう》剣《けん》たり。また佞《かたま》しく媚《こ》ぶる者は、上《かみ》に対しては則ち好み、下《しも》の過《あやまち》を説き、下に逢《あ》いては則ち上の失《あやまち》を誹《そ》謗《し》る。それかくの如《ごと》きの人は、みな君に忠《まこと》なく、民《たみ》に仁《めぐみ》なし。これ大乱の本《もと》なり。

第六条
六曰　懲悪勧善　古之良典　是以无匿人善　見悪必匡　其諂詐者　則為覆国家之利器
為絶人民之鋒剱　亦佞媚者　対上則好説下過　逢下則誹謗上失　其如此人　皆无忠於君
无仁於民　是大乱之本也

◎ポイント
悪は懲らしめ、必ず匡《ただ》せというのですが、この「匡せ」という字は、字源が飯などのカタチのないものを容れる器のことをいいます。ですから言い方を変えると「型にはめて矯正せよ」という意味がそこにあります。

ではその悪とは何かというと、

1　へつらいあざむく者

2　こびへつらう者

と明確に断じています。これも大切なポイントで、殺人犯などの悪行を為した犯人を悪というのではなく、そういう災いを招く前に「カタにはめよ」と言っています。ちなみに、ここで「忠」と「仁」という漢字が出てきますが、それぞれ訓読みで「まこと」、「めぐみ」と読みます。チュウやジンとは、異なる大和言葉の意味を優先しています。

七にいわく。
人各《おのおの》任《にん》有り。掌《つかさど》ること宜《よろ》しく濫《みだ》れざるべし。それ賢哲《けんてつ》官に任ずるときは、頌音《ほむるこえ》すなわち起こり、奸者《かんじゃ》官を有《たも》つときは、禍乱《からん》すなわち繁《しげ》し。世に生れながら知るもの少なし。剋《よ》く念《おも》いて聖《ひじり》と作《な》る。事《こと》大少となく、人を得て必ず治まり、時《とき》

に急緩なく、賢に遇《あ》いておのずから寛《ゆたか》なり。これに因《よ》って、国家永久にして、社稷《しゃしょく》危《あや》うきことなし。故《ゆえ》に古《いにしえ》の聖王《せいおう》は、官のために以《も》って人を求め、人のために官を求めず。

第七条
七曰　人各有任　掌宜不濫　其賢哲任官　頌音則起　奸者有官　禍乱則繁　世少生知　尅念作聖　事無大少　得人必治　時無急緩　遇賢自寛　因此　国家永久　社稷勿危　故古聖王　為官以求人　為人不求官

◎ポイント
「為官以求人、為人不求官（官のために以《も》って人を求め、人のために官を求めず）」官という特権的身分は、あくまで「おほみたから」である民のためにあり、その特権的身分の人たちのために官職があるのではないということです。古来より民間に有能な人士を求めたわたしたちの国の、これが伝統です。

八にいわく。
群卿百寮、早く朝《まい》りて晏《おそ》く退《ひ》けよ。公事盬《もろ》きことなし、終日尽しがたし。ここをもって、遅く朝れば急なるに逮《およ》ばず。早く退《ひ》けば必ず事《こと》を尽さず。

第八条
八日　群卿百寮　早朝晏退　公事靡盬　終日難盡　是以遅朝　不逮于急　早退必事不盡

◎ポイント
最近は、出社時間を遅くしている会社も多くなりましたが、もともと「朝廷」というくらいで、早朝、夜明けには仕事が始まっていたのが、我が国の姿です。朝が勝負です。

九にいわく。
信《まこと》はこれ義《ことわり》の本《もと》なり。事毎《ことごと》に信《まこと》あれ。それ善悪成敗《よきあしさなりならぬこと》はかならず信《まこと》にあり。

群臣《まえつきみたち》ともに信《まこと》あらば何事《なにごと》か成《な》らざらん。群臣信なきときは、万事《よろずのわざ》ことごとく敗《やぶ》れん。

第九条
九日　信是義本　毎事有信　其善悪成敗要在于信　群臣共信　何事不成　群臣无信　万事悉敗

◎ポイント
ここで「信」を「まこと」と読みます。ちなみに「誠」も、訓読みは「まこと」です。漢字は異なる字ですが、大和言葉では、同じ意味です。そして人と人とのつながりを「結い」といいますが、その「結い」の根幹が「まこと」にあると示されています。

十にいわく。
忿《こころのいかり》を絶ち、瞋《おもてのいかり》を棄《す》て、人の違《たが》うを怒らざれ。人みな心あり、心おのお

の執《と》れることあり。彼是《かれよみ》すれば我は非《あしみ》す。我を是《よみ》すれば彼は非《あしみ》す。我、必ずしも聖《ひじり》にあらず。彼必ず愚《おろか》にあらず。共にこれ凡夫《ただひと》ならくのみ。是非《よしあし》の理《ことわり》なんぞよく定《さだ》むべき。相共に賢《かしこく》 愚《おろか》なり。鐶《みみがね》の如くして端《はし》なし。ここをもって彼人《かれひと》瞋《いか》ると雖《いえど》も、かえってわが失《あやまち》を恐れよ。われ独《ひと》り得たりと雖《いへど》も、衆《もろもろ》に従《したが》いて同じく挙《おこな》え。

第十条

十日　絶忿棄瞋　不怒人違　人皆有心　心各有執　彼是則我非　我是則彼非　我必非聖
彼必非愚　共是凡夫耳　是非之理能可定　相共賢愚　如鐶无端　是以　彼人雖瞋　還恐
我失　我獨雖得　従衆同擧

◎ポイント
我説に執着せず、人に学べということです。

十一にいわく。
功過《いさみあやまり》を明《あき》らかに察《み》て、賞《たまひもの》をし、罰《つみ》を必ず当てよ。このごろ賞《たまひもの》は功《いさみ》においてせず、罰《つみなへ》は罪《つみ》においてせず。事《こと》を執《と》る群卿《まへつきみたち》、よろしく賞罰《たまひものとつみ》を明らかにすべし。

第十一条
十一曰　明察功過　罰賞必当　日者　賞不在功　罰不在罪　執事群卿　宜明賞罰

◎ポイント
ここでのポイントは、論功行賞について、その結果に対して賞罰せよと言っているのではなく、「察して賞罰せよ」と述べていることです。とかく昨今では、結果のみにスポットライトが当てられがちですが、結果が出る前に、褒めるべきものは褒め、罰するものは先に罰せよと言っています。昨今の日本社会は、この点反省すべきところがあるのではないでしょうか。

十二にいわく。
国司《くにのみこともち》、国造《くにのみやつこ》、百姓《おほみたから》に斂《おさ》めとることなかれ。国に二《ふたり》の君《きみ》なく、民《たみ》に両《ふたり》の主《あるじ》なし。率土《くにのうちの》の兆民《おほみたから》は、王《きみ》をもって主《あるじ》となす。任《よさせ》る所《ところ》の官司《つかさみこともち》は、みなこれ王《きみ》の臣《やっこ》らなり。何《いかに》ぞ公《おほやけ》と百姓《おほみたから》に賦斂《をさめと》らむ。

第十二条

十二日　国司国造　勿斂百姓　国非二君　民無両主

率土兆民　以王為主　所任官司　皆是王臣　何敢與公　賦斂百姓

◎ポイント

「率土兆民　以王為主」というのは、国内のすべての人民にとって、天皇だけが主人であるという意味です。聖徳太子がこれを世に出したのが六〇四年、公地公民が成文化されたのが六四六年です。日本の形は七世紀には完全にできあがっていたのです。

十三にいわく。
もろもろの官に任《よさ》せる者《ひと》は、同じく職掌《つかさごと》を知れ。あるいは病《やまい》し、あるいは使《つかい》して、事を闕《おこた》ることあらん。しかれども、知ること得《う》るの日には、和すること曽《かつ》てより識《し》れるが如くせよ。それあずかり聞くことなしというをもって、公務《まつりごと》を防《さまた》ぐることなかれ。

第十三条
十三日　諸任官者　同知職掌　或病或使　有闕於事　然得知之日　和如曽識　其非以與聞　勿防公務

◎ポイント
「非以與聞　勿防公務」は、要するに「聞いてない」からといって、公務を放置してはならないということです。ですから「知りません。聞いてません」は、不謹慎な発言だという意識が、日本人には普通にありますよね？

十四にいわく。
群臣《まへつきみたち》百寮《つかさつかさ》、嫉《うらや》み妬《ねたむ》ことなかれ。われすでに人を嫉《うらや》めば、人またわれを嫉《うらや》む。嫉妬の患《わずらい》その極《きわまり》を知らず。ゆえに智《さとり》のおのれに勝《まさ》るときは則《すなは》ち悦《よろこ》ばず、才《かど》おのれに優《まさ》るときは則ち嫉《ね》妬《た》む。ここをもって、五百《いおとせ》にして、いま賢《さかしひと》に遇《あ》うとも、千載《ちとせ》にしてもってひとりの聖《ひじり》を待つこと難《かた》し。それ賢聖《さかしひじり》を得ざれば、何をもってか国を治めん。

第十四条
十四曰　群臣百寮　無有嫉妬　我既嫉人　人亦嫉我　嫉妬之患　不知其極
所以智勝　於己則不悦　才優於己則嫉妬　是以　五百之後　乃今遇賢　千載以難待一聖
其不得賢聖　何以治国

◎ポイント
嫉妬の気持ちをもってはならないし、嫉妬の心があれば、千年に一度の逸材を見逃すことになると戒めています。

十五にいわく。
私に背《そむ》きて公《おおやけ》に向かうは、これ臣の道なり。およそ人、私あれば必ず恨《うらみ》あり、憾《うらみ》あれば必ず同《ととな》わず。同《ととなわ》ざれば則ち私をもって公《おおやけ》を妨《さまた》ぐ。憾《うらみ》起こるときは則ち制《ことわり》に違《たが》い法《のり》を害《そこな》う。故に、初めの章に云《い》わく、上下和諧《わかい》せよ。それまたこの情《こころ》なり。

第十五条
十五日　背私向公　是臣之道矣　凡人　有私必有恨　有憾　必非同　非同則以私妨公
憾起　則違制害法　故初章云　上下和諧　其亦是情歟

◎ポイント

「対立」は訓読みすれば「ならびたつ」です。二手《ふたて》に分《わか》れて争いあうのではなく、常に「どうしたら一体となれるのか」を考え行動せよと教えてくれています。

十六にいわく。

民《おほみたから》を使うに時をもってするは、古《いにしへ》の良き典《のり》なり。故《ゆゑ》に冬の月には間《いとま》あり、もって民を使うべし。春より秋に至るまでは、農桑《なりはひこかひ》の節《とき》ゆえに民を使うべからず。それ農《なりはひ》せざれば何をか食《くら》わん。桑《くわ》とらざれば何をか服《き》ん。

第十六条

十六日　使民以時　古之良典　故　冬月有間　以可使民　従春至秋　農桑之節　不可使民其不農何食　不桑何服

◇ポイント

人々が農耕をしなければ何を食べていけばよいのか。養蚕がなされなければ、何を着たらよいというのか。グローバリズムだの輸入すれば良いだのという空論に染まる現代社会への警告とも受け取れます。

十七にいわく。
それ事《こと》は独《ひと》り断《さだ》むべからず。必ず衆とともによろしく論《あげつら》うべし。少事《いささけ》はこれ軽《かろ》し。必ずしも衆とすべからず。ただ大事を論うに逮《およ》びては、もしは失《あやまち》あらんことを疑う。故《ゆえ》に、衆とともに相弁《あいわきま》うるときは、辞《ことば》すなわち理《ことわり》を得ん。

第十七条
十七日　夫事不可独断　必與衆宜論　少事是輕　不可必衆　唯　逮論大事　若疑有失
故　與衆相辨　辭則得理

◎ポイント

ものごとは、かならずみんなにはかりなさいということです。些細なことなら、独断も許容されるけれど、重大事は、かならずみんなで議論しなさいと述べています。ここにも、強制ではなく、どこまでもみんなで、という精神が明確にあらわされています。

【参考文献】
『日本古典文学大系67・68　日本書紀　上・下』岩波書店
『角川　新字源』角川書店
『日本書紀』坂本太郎 他校注　岩波文庫
『日本歴史通覧　天皇の日本史』矢作直樹著　青林堂

【写真】
154Ｐ　初代神武天皇陵（畝傍山東北陵・奈良県）
坂本照／アフロ
161Ｐ　手水舎　アールクリエイション／アフロ

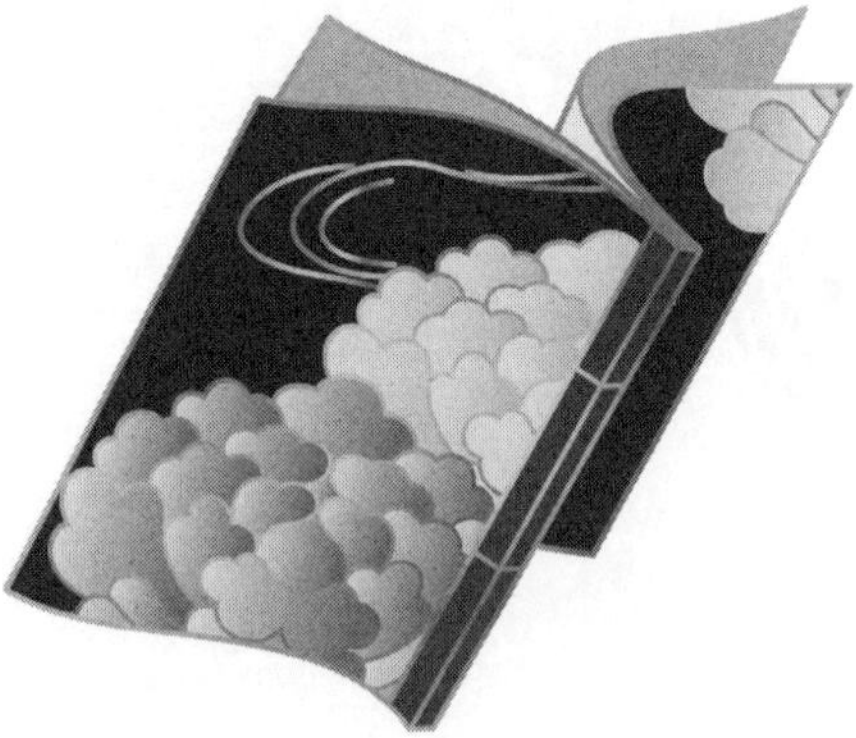

小名木善行　おなぎ・ぜんこう

昭和31年生まれ。国史啓蒙家。浜松市出身。現在千葉県在住。

上場信販会社を経て現在は執筆活動を中心に、私塾である「倭塾」、「百人一首塾」を運営、またインターネット上でブログ「ねずさんのひとりごと」を毎日配信。

著書に、『ねずさんの昔も今もすごいぞ日本人！』『ねずさんの 昔も今もすごいぞ日本人！「和」と「結い」の心と対等意識』『ねずさんの 昔も今もすごいぞ日本人！日本はなぜ戦ったのか』『ねずさんの日本の心で読み解く百人一首』『ねずさんと語る古事記　壱』『ねずさんと語る古事記・弐』『ねずさんと語る古事記・参』『誰も言わない ねずさんの世界一誇れる国日本』『ねずさんの奇跡の国 日本がわかる万葉集』など多数。

ねずさんの
世界に誇る覚醒と繁栄を解く日本書紀

第1刷　2020年4月30日
第3刷　2022年3月10日

著　者　小名木善行
発行者　小宮英行
発行所　株式会社徳間書店
〒141-8202 東京都品川区上大崎 3－1－1
目黒セントラルスクエア
電話 編集(03)5403-4344／販売(049)293-5521
振替 00140-0-44392

本文印刷　本郷印刷株式会社
カバー印刷　真生印刷株式会社
製　本　東京美術紙工協業組合

　ISBN978-4-19-865076-6